España: si
1939-19

José Emilio Castelló

ANAYA

Colección: Biblioteca Básica
Serie: Historia

Diseño: Narcís Fernández
Edición gráfica: Mercedes Castro

Coordinación científica: Joaquim Prats i Cuevas
(Catedrático de Instituto y
Profesor de Historia de la
Universidad de Barcelona)

© del texto, José Emilio Castelló, 1988
© de la edición española, Grupo Anaya, S. A., 1988
Juan Ignacio Luca de Tena, 15. 28027 Madrid

Primera edición, abril 1988
Segunda edición, corregida, junio 1989
Tercera edición, octubre 1990
Cuarta edición, julio 1992
Quinta edición, mayo 1993
Sexta edición, septiembre 1994
Séptima edición, julio 1995
Octava edición, septiembre 1996
Novena edición, septiembre 1998

I.S.B.N.: 84-207-3558-X
Depósito legal: M-21.405-1998
Impreso en ANZOS, S. A.
La Zarzuela, 6. Polígono Industrial Cordel de la Carrera
Fuenlabrada (Madrid)
Impreso en España - Printed in Spain

Contenido

El largo camino hacia la democracia

El período de la historia contemporánea de España que transcurre entre 1939 y la actualidad está perfectamente dividido en dos grandes etapas: de 1939 a 1975 el país vivió sometido a una Dictadura Militar de carácter personal; a partir de este último año España se integró en la comunidad de naciones europeas democráticas. Dictadura y democracia son los rasgos distintivos básicos de ambas etapas. La primera surgió a partir de un acontecimiento trágico de nuestra historia, la Guerra Civil de 1936 a 1939, y finalizó con el fallecimiento del principal personaje de aquélla: el general Francisco Franco. La segunda comenzó en ese momento y se prolonga hasta el presente.

En cierta manera se puede afirmar que la contienda civil no finalizó hasta 1975. El general Franco tuvo siempre presente su condición de vencedor, y jamás adoptó medidas que supusieran el perdón o la reconciliación con los derrotados. El régimen democrático que éstos habían defendido, el de la Segunda República, desapareció en 1939, y cualquier intento teórico o práctico de restaurarlo o apoyarlo mereció una represión dura y permanente durante 36 años.

Frente a ello, en 1975 se abrió un régimen que tenía que devolver la libertad a todos los españoles por igual, sin distinción de ideas. Se abrió un período, el de la transición democrática, en el que paulatinamente se fueron sentando las bases de la nueva situación. Legalmente la transición se puede dar por concluida a finales de 1978, cuando el pueblo español votó y el Rey sancionó la nueva Constitución. Políticamente, debieron transcurrir algunos años más hasta dar por consolidado el régimen democrático.

Desfile «de la Victoria» en Madrid, en 1939. Recién acabada la Guerra Civil, el bando vencedor celebraba su triunfo frente al ejército republicano con un desfile militar. Este acto perduró hasta 1975, año de la muerte del general Franco, quien fue a lo largo de su mandato fiel a los actos conmemorativos de su victoria de 1939.

4

1

La dictadura del general Franco

La Guerra Civil terminó el 1 de abril de 1939. El bando vencedor iba a inaugurar la Dictadura más larga de la España contemporánea. Y a su frente el general en jefe del ejército triunfador, Francisco Franco Bahamonde. Tan sólo su muerte, el 20 de noviembre de 1975, pondría fin a este régimen político.

A pesar del transcurso de casi cuarenta años, y de las grandes transformaciones que conoció España durante ellos, hubo siempre una realidad inamovible: el carácter personal de la Dictadura. Es imposible separar la figura de Franco de su régimen, el franquismo. Ambos se identificaron constantemente.

Este carácter tan personal del franquismo hizo que las reacciones de los españoles ante él fueran siempre radicales: apoyos apasionados u odios viscerales. Durante casi cuatro décadas, Franco rigió los destinos de nuestro pueblo con mano férrea, sin tolerar críticas ni la más mínima oposición. Su condición de militar se tradujo en una concepción un tanto simplista de que un país podía dirigirse como un cuartel. Su autoridad única e indiscutida, su personal forma de gobernar, una presencia constante, una propaganda inexorable, se impusieron a los españoles de esta época. En su momento provocó una polarización de la opinión pública: a favor o en contra de él, que era tanto como decir de su régimen. No había sitio para neutralidades o marginaciones, todos los españoles tenían su opinión, si bien sólo unos la podían manifestar.

Sin embargo, curiosamente, pasados pocos años de su fallecimiento, su figura ha sido olvidada por la mayoría de la población, y sólo es un personaje más en el pasado para las generaciones más jóvenes. Su tremendo impacto sobre los españoles desapareció con él, y sólo pervive

El régimen franquista fue extraordinariamente personal. La figura de *El Caudillo*, nombre adoptado por Franco a imitación de Mussolini *(Duce)* y de Hitler *(Führer)*, fue omnipresente en los casi cuarenta años que estuvo en el poder. En esto, como en la mayoría de sus características políticas, el franquismo fue un sistema con escasos cambios.

6

en una minoría de nostálgicos, mientras que su nombre no ha servido siquiera para obtener resultados mínimos en las elecciones democráticas realizadas a partir de 1977.

Los fundamentos del franquismo

Las características políticas del franquismo se identifican lógicamente con las propias ideas de su *Caudillo*. Este no fue nunca un hombre preocupado por la política, más bien era un pragmático que fue adaptándose a las necesidades de cada etapa que vivió su régimen. No obstante, fue fiel a una serie de principios, hasta convertirlos en fundamentos obsesivos de su gobierno: el orden y la autoridad, el catolicismo inherente a la forma de ser de España, la patria entendida como algo que le pertenecía a él y a quienes pensaban como él. No aceptaba que hubiera otra manera de entender el bien de España que la suya. Acabó creyendo, al igual que parte de sus

Francisco Franco (1892-1975) nació en El Ferrol. Combatió en Marruecos entre 1910 y 1927. Ascendió a general y fue director de la Academia General de Zaragoza. En 1934 sofocó la rebelión minera de Asturias. Estaba en Canarias como comandante general cuando se puso al frente de la sublevación que acabó con la Segunda República. El carácter personal del régimen hizo que la figura de Franco fuera el centro de atracción, tanto de los elogios enfervorizados de sus partidarios, como de los ataques furibundos de sus enemigos. Fue una figura histórica un tanto gris, pero muy pragmática. En ningún momento se discutió su liderazgo entre sus partidarios.

partidarios, en una curiosa simbiosis entre España y él, con enemigos y defensores comunes. Quienes no aceptaran tales principios eran considerados enemigos, malos españoles y merecedores de ser perseguidos si osaban manifestar sus discrepancias. Consideraba la pluralidad de ideas como perniciosa, lo mismo que la democracia, los partidos políticos o las libertades civiles. En estos conceptos hallaba las causas de las profundas divisiones de la España anterior, que había llevado, según él, al país a la desintegración.

Surgido el franquismo en la década de los años treinta, en la que proliferaron los regímenes fascistas en Europa, con la Italia de Mussolini y la Alemania de Hitler a la cabeza, se ha querido identificar a Franco con un líder fascista. No obstante las mutuas simpatías y similitudes, así como las vinculaciones con Italia y Alemania durante la Guerra Civil y posteriormente durante la Segunda Guerra Mundial, Franco no fue estrictamente un fascista. Más bien cabe calificarlo como un dictador clásico antidemocrático y vinculado a posiciones de extrema derecha.

Franco carecía de ideología concreta. No tenía una formación intelectual sólida, y su vida hasta 1936 había sido exclusivamente militar. No obstante, desde el poder adoptó una ideología próxima a la de la extrema derecha. Quizá lo más característico fue la identificación que hizo entre su régimen y el catolicismo de tinte más conservador.

8

Las condiciones económicas y sociales de España fueron cambiando en tan largo período de tiempo. En este sentido, la España de 1975 era mucho más moderna, dinámica y abierta al exterior, con una sociedad más rica, educada e igualitaria. Frente a estas transformaciones, el régimen se caracterizó por la ausencia de cambios políticos, por la incapacidad para modernizarse al mismo tiempo que la sociedad y por la reiterada negativa a otorgar las mínimas libertades políticas y culturales. Esta evolución desigual entre la transformación económica y social, y la parálisis política, explican la aguda crisis que padeció el régimen tras la desaparición de su líder.

Nacido de una guerra civil que acabó con el sistema democrático de la Segunda República, el franquismo arrastró siempre la carencia de legitimidad moral, ante la mayor parte del mundo y de muchos de sus súbditos, por la violencia de su surgimiento y de su actuación represora durante cuarenta años.

La sublevación contra la República de 1936 se produjo en un período histórico en el que en parte de Europa se desarrollaban los regímenes fascistas. En España, la Falange era el partido de este corte. Aunque Franco no se había declarado nunca falangista, no dudó en incorporar a la Falange como el principal aporte ideológico de su régimen, al menos durante los primeros años.

2

España durante la Segunda Guerra Mundial (1939-1945)

Tan sólo cinco meses separaron el final de la Guerra Civil española (abril de 1939) de la iniciación de la Segunda Guerra Mundial con la invasión de Polonia por Alemania el 1 de septiembre del mismo año. Se ha repetido numerosas veces que, en muchos aspectos, nuestra guerra fue un preámbulo o ensayo de la que asoló Europa poco después. El importante y claro apoyo que las potencias fascistas (Italia y Alemania) prestaron a los militares españoles sublevados en 1936 marcó las alianzas futuras. El país estaba asolado en 1939. Las pérdidas materiales habían sido enormes: medios de transportes semiparalizados, parte de la industria destruida, ciudades parcialmente destrozadas por los bombardeos, miles de personas desplazadas, etcétera. Pero peores eran las pérdidas morales: división radical en dos bandos irreconciliables, huida al extranjero de centenares de miles de republicanos por temor a las represalias —entre ellos una parte destacada de los mejores intelectuales, artistas o profesionales—, ejecuciones, detención

El 1 de septiembre de 1939 Alemania invadió Polonia, lo que fue el inicio de la Segunda Guerra Mundial. España no ocultó su inclinación hacia las potencias del Eje. Durante la contienda mantuvo una presunta neutralidad (oficialmente «no beligerancia») salpicada, al menos hasta 1944, con numerosos gestos de simpatía hacia la Alemania nazi y la Italia fascista.

masiva en campos de concentración de sospechosos de republicanismo, supresión de las libertades democráticas. En los meses que mediaron hasta el comienzo de la confrontación europea, se evidenció la inclinación internacional del nuevo régimen hacia las potencias fascistas: firma de un tratado de amistad con la Alemania nazi, abandono de la Sociedad de Naciones siguiendo el ejemplo de aquéllas y adhesión a la alianza de los regímenes fascistas contra la Unión Soviética (el pacto antikomintern).

De la neutralidad a la no beligerancia

Al comenzar la Guerra Mundial todo parecía indicar que la España franquista participaría al lado de sus aliados naturales (las potencias del Eje). Sin embargo, mantuvo una neutralidad teórica a lo largo de toda la contienda, aunque con numerosas y claras muestras de apoyo hacia ellas. ¿Por qué no intervino España en una guerra que durante los tres primeros años pareció un paseo

11

Las dificultades económicas después de tres años de guerra civil hicieron inviable la participación en la Guerra Mundial. Entre los principales dirigentes del franquismo hubo partidarios de una intervención en lo que se creía iba a ser una victoria arrolladora de los regímenes hermanos. Otro sector se inclinó por reconstruir el país.

triunfal para la fraternal Alemania nazi, la cual solicitó su participación? La propaganda oficial de Franco alabó *a posteriori* la sagacidad de éste al evitar entrar en la guerra. Pero las causas fueron otras. Los dirigentes españoles eran conscientes de que el país estaba arruinado y necesitado de un largo período de paz para su reconstrucción. La escasez de medios materiales impedía una colaboración seria en el conflicto bélico. Por su parte, Hitler no demostró excesivo interés en la participación española; sobre todo, cuando los dirigentes españoles expusieron las condiciones económicas y militares para su intervención, consideradas desmesuradas por Alemania; tampoco creía a España en condiciones de intervenir eficazmente en la guerra, y las peticiones de expansión en el norte de Africa eran desorbitadas. Un último factor jugó un papel destacado en la actitud de Franco: la ayuda que en alimentos y en petróleo proporcionaban

los Estados Unidos y el Reino Unido; eran totalmente necesarios entonces y habrían desaparecido de no mantener la neutralidad.

No obstante, Franco cambió el estatuto de neutralidad, proclamado en 1939, por el de «no beligerancia», en 1940. Este último permitía no participar directamente en la conflagración continental, pero sí mantener una postura de amistad y colaboración con el Eje, y en especial con Alemania. Así se lo comunicó directamente a Hitler en la entrevista que mantuvieron en Hendaya en octubre de 1940.

Un nuevo hecho vino a modificar de nuevo la actitud española: en junio de 1941 Alemania invadió la Unión Soviética. Esta era considerada por el franquismo como su gran enemigo ideológico, de manera que rápidamente se decidió la aportación española a la nueva «cruzada» contra el comunismo, si bien salvando la no beligerancia con los aliados occidentales (Estados Uni-

Aunque España no participó directamente en la Guerra Mundial, las muestras de identificación con Alemania e Italia fueron muy numerosas. El sector más fuerte del gobierno era proalemán, y a la cabeza de él se encontraba Serrano Súñer, cuñado de Franco. En esta imagen, Galeazzo Ciano, ministro de Asuntos Exteriores de la Italia fascista en 1936, casado con Edda, hija de Mussolini, en una visita a España.

dos y Reino Unido). En seguida se formó un pequeño ejército constituido por voluntarios, la «División Azul», nombre proveniente del color de la Falange, el partido de corte fascista español. El contingente enviado no fue numeroso: unos 18.000 hombres, que permanecieron en el frente de la Unión Soviética hasta 1944.

Los aliados protestaron ante España por esta intervención junto a Alemania. La respuesta fue un tanto peculiar y pretendidamente tranquilizadora: Europa se enfrentaba a dos guerras al mismo tiempo; una la del Eje contra los aliados, en la que se era neutral; otra contra el comunismo, encarnado en la Unión Soviética, en la que España no podía ser neutral, ya que había luchado

El 23 de octubre de 1940 el *Führer* Adolfo Hitler y Franco se entrevistaron en la ciudad fronteriza francesa de Hendaya, después de la ocupación de Francia por los alemanes. En la reunión se trató la posible intervención española en la Guerra Mundial al lado del Eje. A pesar de las declaraciones de identificación ideológica no se llegó a ningún acuerdo.

contra él en la Guerra Civil. Esta sutileza no convenció en absoluto a los Estados Unidos y al Reino Unido, a la sazón aliados de la Unión Soviética, quienes enfriaron sus relaciones diplomáticas con la España de Franco, aunque sin romperlas abiertamente.

El año 1943 marcó un giro en el desarrollo de la Guerra Mundial. Las derrotas alemanas e italianas en Stalingrado y en el norte de Africa cambiaron las perspectivas de victoria final. La invasión de Italia por parte de británicos y norteamericanos tuvo una grave repercusión para el Eje; Mussolini fue derrocado e Italia abandonó la alianza con Alemania que, a su vez, ocupó el territorio de su antiguo aliado. A partir de estos

La única participación directa de España en la Segunda Guerra Mundial fue el envío de la «División Azul», bajo el mando del general Muñoz Grandes, al frente ruso. La División estaba compuesta por una amalgama de fanáticos anticomunistas, aventureros, militares de carrera, etc. Sufrió grandes penalidades y fuertes pérdidas humanas, aunque su papel militar fue bastante limitado.

hechos Franco varió igualmente de actitud. En octubre de 1943 abandonó la no beligerancia, retornando a la estricta neutralidad. La División Azul fue repatriada. Las relaciones con Alemania se enfriaron, al tiempo que aceptaba algunas presiones aliadas para limitarlas. Franco hizo numerosas declaraciones sobre la neutralidad española. Todo ello ante la evidencia de la inmediata derrota alemana, y con vistas a un intento de preservarse de las consecuencias.

Vigilancia y represión

La política interior de este período se basó en dos postulados fundamentales: el desmantelamiento de la legislación de la Segunda República y una dura represión contra la oposición. La Constitución republicana de 1931 fue abolida, al

En febrero de 1941 Franco se entrevistó con el otro gran dirigente del Eje, Benito Mussolini. La reunión fue una continuación de la realizada con Hitler meses atrás y obtuvo idéntico resultado. Esta falta de acuerdo fue providencial para Franco; sus dos interlocutores de 1940 y 1941 desaparecieron con el final de la Guerra Mundial, en 1945.

igual que las libertades individuales. Los partidos políticos y los sindicatos fueron prohibidos, creándose en su lugar el partido y el sindicato únicos: Falange Española Tradicionalista y la Central Nacional Sindicalista, supeditada a aquél. Los Estatutos de Autonomía de Cataluña y el País Vasco, aprobados durante el período republicano, fueron suprimidos, dando paso a un estado férreamente centralista. Parecida persecución sufrieron las lenguas diferentes del castellano. Al mismo tiempo se reforzó el poder total del *Caudillo*. En 1939 era al mismo tiempo Jefe del Estado, del Gobierno, de la Falange, del Ejército y del poder legislativo. Esta concentración de altos cargos y de mando ponía de manifiesto el carácter personal de la nueva Dictadura.

Para sustituir a la legalidad republicana, se inició a partir de 1942 la elaboración de leyes que organizaran el nuevo régimen. En ese año se constituyeron las primeras Cortes franquistas. Estas carecían de cualquier tipo de elección democrática y no eran más que un conjunto de entusiastas de Franco dispuestos a acatar y apoyar cualquier decisión proveniente del gobierno. Además, el *Caudillo* continuaba teniendo potes-

La represión

El desarrollo de la nueva legalidad que supliera a la de la Constitución republicana se fue alargando durante muchos años. En 1942 se presentó la Ley de Cortes. En ella se establecía la nueva institución que sustituía al Parlamento. La novedad era la carencia de representatividad y los limitados poderes que tenía, siempre supeditada a la voluntad de Franco. Las costumbres eran controladas estrictamente en un tono muy conservador.

La represión

La población fue sometida desde 1939 a un control absoluto. En él participaba en primer lugar la Falange, convertida en única instancia política legal. Su presencia era total en todas las esferas de la vida cotidiana: los ayuntamientos, diputaciones, sindicato, universidad, juventud, etc. Tenía una rama dedicada a la mujer: la «Sección Femenina».

tad para dictar normas jurídicas de carácter general, con lo que la actividad de aquéllas se limitaba a ser un teórico instrumento de colaboración de Franco.

Se estableció una rígida vigilancia policial e ideológica sobre la población. Cualquier manifestación pública o privada de crítica al régimen franquista o de apoyo al sistema democrático era causa de severas penas de prisión. El partido único se convirtió en todopoderoso, ejerciendo la vigilancia y el control de la sociedad, bien directamente, bien a través de sus sindicatos, de la Sección Femenina o del Frente de Juventudes. Pasó a controlar todos los medios de comunicación, desde los que se emitía una constante autopropaganda.

Más trágicas fueron las represalias contra los vencidos de la Guerra Civil. Alrededor de 300.000 españoles habían huido al extranjero. En 1940 permanecían encarcelados unos 300.000 presos políticos, entre ellos 7.000 maestros. Las

ejecuciones después de la guerra fueron muy numerosas; las cifras más bajas las estiman en unas 30.000. La Administración pública, la Universidad, la enseñanza e incluso las grandes empresas privadas fueron depuradas de sospechosos de haber pertenecido o simpatizado con partidos o sindicatos obreros, o haber sido adictos a la República. Decenas de miles de personas perdieron así su empleo. Como consecuencia de estas medidas, la oposición al franquismo desapareció casi por completo.

LOS 4 GATOS

Gral. L.Cárdenos

ESPAÑA

VERACRUZ

La represión

Para decenas de miles de españoles fueron años de cárcel o de exilio. Los dirigentes de la Segunda República huyeron al extranjero en los últimos meses de la Guerra Civil. Desde allí intentaron mantener la existencia de las instituciones derrocadas: Parlamento y Gobierno. En último extremo confiaban que el final de la Guerra Mundial fuera también el del franquismo. *Los 4 gatos* fue una asociación madrileñista cuya revista nos muestra, en esta portada, un símbolo del viaje hacia el destierro, con un homenaje al presidente de la República de México, el general Cárdenas, que dio muchas facilidades a los exiliados españoles.

3

Los años del aislamiento (1945-1951)

El mundo salió de la Segunda Guerra Mundial dispuesto a la implantación de regímenes democráticos o socialistas en los estados europeos que habían padecido dictaduras fascistas o similares. Franco se encontró en una situación delicada. A pesar de su alejamiento del nazismo desde 1943, la opinión pública mundial no dudaba en condenar a su régimen por similitud con los derrocados en toda Europa. La condena al franquismo fue general a partir de 1945 por antidemocrático.

Pero los acontecimientos fueron más allá de la simple denuncia. Una serie de hechos provocaron la incomunicación exterior. En 1945 se creó la Organización de Naciones Unidas (ONU) como heredera de la Sociedad de Naciones (prácticamente desaparecida en 1939), con el fin de crear un foro de todos los estados para preservar la paz y las mutuas relaciones.

España, en un intento de integrarse, presentó su candidatura, la cual fue rechazada por el carácter dictatorial del régimen. Poco después, en diciembre de 1946, la misma ONU aprobó una resolución de condena a éste, en la que se denunciaba su carácter fascista, la vinculación con la Alemania nazi y con la Italia de Mussolini, y su imposición por medio de la violencia al pueblo español. Además proponía que los estados miembros de las Naciones Unidas retiraran sus embajadores en Madrid como muestra de rechazo, así como la expulsión de España de los organismos internacionales. La mayoría de las naciones cumplieron la resolución y las embajadas fueron abandonadas. La presencia diplomática en Madrid quedó reducida a los representantes de Argentina, Portugal, Irlanda, Suiza y la Santa Sede. Esta decisión fue la primera gran derrota de Franco desde 1939, y marcó el aislamiento que hubo de padecer el país a causa del régimen imperante.

Ante la condena internacional, Franco reaccionó con el empleo de una táctica que después utilizaría frecuentemente: llevar a cabo una campaña propagandística interna en la que se mezclaba la llamada al patriotismo ante la «injerencia extranjera» con la adhesión a su persona. La radio y la prensa —absolutamente controladas y a su disposición— movilizaron a la opinión pública, convocando una manifestación multitudinaria de protesta contra el aislamiento, que, a su vez, se convirtió en adhesión al *Caudillo*.

Los cimientos católicos del régimen
Pero al mismo tiempo Franco inició modificaciones con la intención de mejorar su imagen ante el mundo. En general, estas medidas pretendían suprimir aquellos gestos que recordaban claramente al fascismo: supresión del saludo fascista

El aislamiento

Entre 1947 y el año de su muerte, 1975, Franco utilizó momentos especialmente graves para intentar legitimar su poder mediante el presunto apoyo del pueblo español. Con llamadas a la defensa de la dignidad patriótica ante injerencias exteriores, se movilizaba todo el aparato del partido único y del Estado para concentrar en Madrid a decenas de miles de franquistas traídos a la capital por los métodos más pintorescos.

de brazo en alto; una amnistía parcial para los presos políticos (aún numerosísimos a pesar del tiempo transcurrido desde el final de la contienda civil), que permitió la liberación de muchos; promulgación de una ley —el Fuero de los Españoles—, que se presentaba como garante de los derechos políticos y sociales, pero que en la práctica tenía tantas prohibiciones y restricciones que no era comparable de ninguna manera con los derechos y libertades de los ciudadanos de una nación democrática. Franco sólo deseaba cambiar la *forma* del régimen, pero en absoluto el fondo, que seguía siendo su poder personal y la falta de libertades democráticas.

Ante la delicada situación en que se encontraba España a causa del *boicot* exterior, Franco intentó modificar la imagen de su régimen con la incorporación de nuevas fuerzas sociales y un mayor apoyo de la Iglesia. Para ello, el nuevo gobierno formado en 1945 incluyó a representantes del catolicismo militante, que debían contrarrestar el excesivo papel que los falangistas habían desempeñado hasta entonces.

Lo más importante en este cambio de imagen fue la designación de un nuevo gobierno, con la incorporación, tanto a él como a otros altos cargos de la Administración, de destacados católicos. Con ello, Franco perseguía dos fines: presentar una Administración ya no monopolizada por la Falange y obtener el apoyo del Vaticano e, indirectamente, de la Iglesia católica, para romper el aislamiento exterior. Era indudable la íntima vinculación entre la Iglesia y el régimen desde el comienzo de la Guerra Civil; pero en 1945 el franquismo consiguió que el catolicismo se comprometiera directamente en las tareas de gobierno.

De esta manera, representantes de las tres instituciones victoriosas de la guerra —militares, falangistas y católicos— ocuparon los puestos de responsabilidad. Estos últimos, además, consiguieron controlar sectores básicos de la sociedad como la enseñanza y la censura, imponiendo la obligatoriedad de la religión católica como asignatura. La moral tradicional católica se impuso como forma de vida social. Las mismas leyes fundamentales expresaban que España era un país oficialmente católico, y que la doctrina de la Iglesia era eje de la legislación española.

Católicos en el gobierno

Dentro de la lenta articulación de la legalidad franquista, el año 1947 fue el de la presentación y aprobación en referéndum de la Ley de Sucesión. Lo más destacado de ella era que Franco se convertía en Jefe vitalicio de Estado, que éste se organizaba en Reino, y que el *Caudillo* disponía de la potestad de designar a su sucesor.

La Ley de Sucesión de 1947 provocó el rechazo de los monárquicos, y en especial de don Juan de Borbón. Sucesor de Alfonso XIII, ya desde el final de la Guerra Mundial había manifestado su intención de retornar a España al frente de una Monarquía que intentara reconciliar a todos los españoles. Este hecho, junto a sus denuncias al régimen franquista, le supusieron la marginación de la vida española y el veto a sus posibles derechos sucesorios.

El futuro monárquico

La labor de dotarse de una nueva legislación básica continuó con la promulgación de la Ley del Referéndum Nacional y el Fuero del Trabajo. Pero la más importante de este período fue la Ley de Sucesión de 1947. En ésta, Franco determinaba finalmente la forma del Estado: España era un Reino, lo que, en teoría, significaba el restablecimiento de la Monarquía, derrocada en 1931. Ahora bien, la misma ley determinaba que la jefatura de Franco al frente del Estado era vitalicia, con lo que aquélla sólo volvería tras la muerte del *Caudillo*. Además, Franco se reservaba la capacidad de designar la persona que le sucedería, bien como rey bien como regente. Por tanto, no se trataba de la restauración de la monarquía tradicional de los Borbones, sino de una surgida del «alzamiento nacional» de 1936.

Los monárquicos españoles, muy numerosos y con personalidades destacadas, habían apoyado en su mayoría la sublevación militar de 1936. Confiaban en que el triunfo de ésta pusiera fin a la República y significara el retorno del Rey. Pero pronto pudieron comprobar, acabada la guerra, que Franco no tenía intención ni de ceder el poder ni de restaurar la Monarquía de inmediato. El descontento hizo que algunos militares y políticos monárquicos planearan varias conspiraciones con la idea de derrocarle, las cuales nunca se llevaron a la práctica. Las relaciones con el régimen se deterioraron aún más ante las crecientes diferencias entre el heredero de la corona, don Juan de Borbón, hijo del fallecido Alfonso XIII, y Franco. Don Juan se inclinó por una postura de reconciliación entre todos los españoles, lo que era inaceptable para el general, que insistía en su posición de no perdonar a los vencidos. Las distancias entre ambos se ampliaron con la promulgación de la Ley de Sucesión, que fue rechazada, lógicamente, por don Juan. Sin embargo, un año más tarde, en 1948, llegó a un acuerdo con Franco por el cual el príncipe Juan Carlos realizaría sus estudios en España.

Retroceso y miseria

En cuanto a la situación económica, España atravesó desde el final de la Guerra Civil por un período de retroceso de la producción y de descenso del nivel de vida, con una parte importante de la población en condiciones de auténtica miseria. Entre las causas que explican esta situación están los destrozos producidos por la contienda y la posterior situación internacional, que no propició una posible recuperación; pero todo ello no puede hacer olvidar la desastrosa política económica, que colaboró a acentuar la precaria coyuntura. La nueva política económica que se aplicó fue un intento de calcar la que habían llevado a cabo anteriormente la Alemania nazi y la Italia fascista. Las dos claves eran la autarquía y el estatalismo. Por la primera se pretendía acrecentar la producción nacional por la

vía de limitar las importaciones extranjeras, que habrían de ser suplidas por productos nacionales; de esta manera, teóricamente, se creaba empleo. Por el segundo, importantes sectores económicos pasaron a ser controlados por el Estado: los ferrocarriles con la creación de la Renfe en 1940; el abastecimiento; los precios de los artículos de consumo; la comercialización del trigo, etcétera. La pieza culminante de estas acciones fue la fundación en 1941 del Instituto Nacional de Industria (INI), cuyo objetivo era la protección industrial de España.

Pero estas medidas demostraron ser ineficaces en la práctica. La política agraria dio resultados negativos. A las desfavorables condiciones climatológicas, como la sequía de 1946, se unió que el estatalismo limitó el interés por la producción entre los agricultores ante la tasa de precios o del comercio del trigo. Como consecuencia, la producción agrícola se redujo respecto al período de la República, los rendimientos descendieron y las cosechas fueron insuficientes para asegurar el abastecimiento. No hubo más remedio que imponer el racionamiento de los alimentos básicos a partir de 1939, situación que duró hasta 1951. Como contrapartida surgió un

El desabastecimiento alcanzó también a los sectores no agrícolas. De esta manera hubo escasez en materias primas y combustibles para la industria, pero también para el transporte. Para intentar paliar esto último, se aplicó a los automóviles el gasógeno, que permitía el funcionamiento sin consumir gasolina. Las consecuencias de esta situación fueron la precariedad del transporte y la semiparalización de numerosas fábricas.

floreciente mercado negro, en el que a precios más elevados que los oficiales, se podían comprar otros productos; fue el famoso «estraperlo».

En el terreno de la industria todo el decenio de los cuarenta fue de atonía. Hasta 1950, la producción industrial fue inferior a la de 1935. La falta de capitales y de tecnologías hicieron que la industria no progresara ni en cantidad ni en calidad. La autarquía facilitó la ausencia de calidad al tener los empresarios asegurados el parco mercado sin competencia externa, lo que, unido a los bajos salarios, les permitió obtener pingües beneficios. El franquismo apoyó decididamente a los grandes propietarios. Las tierras expropiadas por la reforma agraria durante la República fueron devueltas a sus antiguos dueños.

El resultado fue que durante prácticamente quince años a partir de 1936, la economía atravesó por un período negativo. La renta nacional de 1935 sólo fue superada en 1951, con la excepción de 1946, año en que fue ligeramente mayor. Como el número de habitantes se incrementó, la renta per cápita entre 1940 y 1953 fue inferior a la de los años de la República. El peor año de la posguerra fue 1945, en el que dicha renta fue un 30% menor que la de 1935.

La autarquía

Campañas	% de trigo vendido en el mercado negro
1941-42	52%
1943-44	57%
1945-46	59%
1947-48	61%
1949-50	58%
1951-52	24%
1953-54	46%
1955-56	23%

La escasez reinante obligó al gobierno a establecer, en mayo de 1939, el racionamiento de los alimentos. Permaneció vigente trece años. Semanalmente cada familia recibía un lote, que en los primeros años consistía sobre todo en boniatos, garbanzos, bacalao, aceite y azúcar. Pocas veces el reparto incluía carne, huevos o leche. El pan (200 g diarios por persona) era generalmente de centeno. El mercado negro floreció espectacularmente. Arriba, porcentaje de trigo vendido en el mercado negro entre 1941 y 1956.

4

La consolidación del franquismo (1951-1959)

La precaria situación comenzó a cambiar a partir de 1950. Una nueva coyuntura exterior favoreció al franquismo después de los duros años anteriores. Desde el final de la Segunda Guerra Mundial, en 1945, las relaciones entre las dos superpotencias consagradas por la conflagración, Estados Unidos y Unión Soviética, fueron deteriorándose. La primera acusaba a la segunda de un expansionismo ideológico en Europa de la mano de sus ejércitos, con la implantación de regímenes comunistas en Europa oriental. Estos enfrentamientos acabaron en la que entonces se denominó «guerra fría».

Ante esta nueva realidad, los Estados Unidos antepusieron en su política internacional el pragmatismo de sus intereses estratégicos frente a consideraciones políticas. De esta manera, la España franquista pudo convertirse en aliada, y el régimen fue aceptado como mal menor. El anti-

El desarrollo de la «guerra fría» a partir de 1945 hizo que se impusiera en Estados Unidos una política anticomunista. El presidente Truman (en la imagen) fue su impulsor. Esta nueva situación internacional favoreció al franquismo, y le permitió ir normalizando sus relaciones con los países occidentales.

comunismo se impuso en todo el mundo occidental, y Franco pudo presentarse como un adelantado de la lucha contra la URSS.

Las relaciones con Estados Unidos y la Santa Sede

La aproximación entre Estados Unidos y España se inició en 1950. Lentamente, la mayoría de los Estados normalizaron sus relaciones con Madrid, con el retorno de sus embajadores, poniendo fin al *boicot* internacional. Sólo el bloque de los países socialistas de Europa oriental y algún otro, como México, persistieron en el cierre de sus embajadas. En el terreno económico, los primeros convenios con Estados Unidos se establecieron en 1951, lo que permitió la llegada de créditos, tan necesarios para la empobrecida economía española.

El año de los éxitos internacionales del franquismo fue 1953. Dos hechos marcaron la aceptación del régimen en el mundo occidental: el Concordato con la Santa Sede y los Acuerdos con los Estados Unidos. El Concordato daba forma jurídica a las íntimas relaciones entre ambas partes. La Iglesia católica había recuperado des-

A partir de 1953 Franco consiguió romper el aislamiento. De la mano de la «guerra fría» y gracias a la benevolencia con que contaba en el Vaticano, el franquismo cosechó dos grandes éxitos en las relaciones exteriores con la firma del Concordato con la Santa Sede y de los Acuerdos con los Estados Unidos. El Concordato daba oficialidad a las íntimas relaciones entre el régimen y el catolicismo.

Mayor significación política tuvo la firma de los Acuerdos económicos y militares entre España y Estados Unidos. Estos, imbuidos de una actitud anticomunista intransigente, buscaron aliados que aseguraran su sistema militar frente al bloque soviético. Por medio de ellos consiguieron la cesión de bases en territorio español en una posición estratégica que completase el flanco sur de la OTAN.

de 1939 un poder como no lo había tenido desde cien años atrás. Claramente decantada a favor de los sublevados en 1936, y contando con las fuertes convicciones religiosas del Generalísimo, había obtenido una posición privilegiada en la sociedad española. Tenía el monopolio casi total de la enseñanza; había impuesto su control en las costumbres y en la censura, y miembros destacados de la Administración se definían políticamente como católicos.

El régimen hacía constantes manifestaciones de esta vinculación. La sublevación de 1936 se presentaba como una «cruzada» contra los enemigos del catolicismo y de España. En las leyes básicas aparecía la definición de «Reino católico», cuya legislación se decía inspirada en la doctrina de la Iglesia. Los términos estipulados en el concordato eran netamente favorables a ésta: España se definía jurídicamente como un Estado católico. A cambio, Franco obtenía el derecho a vetar a los obispos, pero sobre todo, conseguía un éxito diplomático que rompía el aislamiento impuesto desde 1945.

Mayor importancia política tuvieron los Acuerdos con los Estados Unidos, firmados un mes más tarde. La vinculación de España al bloque militar occidental frente al soviético se había planteado al menos desde la creación de la OTAN en 1949. Nuestro país tenía una evidente importancia estratégica, y los Estados Unidos hubieran querido la incorporación de España a la Alianza Atlántica. No la plantearon ante la evidencia de que algunos países europeos la hubieran vetado por el carácter del régimen franquista. El único camino que quedaba era la alianza bilateral Estados Unidos-España. ¿Qué obtenía Franco con ello? Algo que buscaba firmemente desde hacía años: el reconocimiento internacional de su régimen. Los Acuerdos de 1953 tenían un carácter militar y económico. Los Estados Unidos obtenían el uso de cuatro bases durante diez años prorrogables de mutuo acuerdo (que se mantienen aún en la actualidad) a cambio de una sustanciosa ayuda económica. Pero lo más importante fue que de esta manera se rompía el aislamiento y la España franquista se incorporaba oficialmente al mundo occidental.

El fin del aislamiento

La situación mundial de la década de los cincuenta había hecho olvidar los efectos de la Guerra Mundial, dando prioridad a las relaciones entre el bloque occidental y el oriental. Estas estaban presididas por un deterioro creciente, que se plasmó en estos años en la Guerra de Corea. Los Estados Unidos encontraron en el general Franco un aliado natural frente a la Unión Soviética. En la imagen, la Asamblea General de la ONU, en Nueva York. En la página anterior, Franco y Eisenhower, a la llegada de este último a Madrid, en diciembre del año 1959.

La bonanza en política exterior se acompañó con una mejora en la situación económica del país. Tras años de pobreza, a partir del comienzo de los 50, la producción conoció un lento y continuado crecimiento que permitió superar la precariedad en que vivía la mayor parte de la población. Se recuperó el nivel de vida de antes de la guerra, y se suprimió el racionamiento.

A partir de entonces, y con el apoyo norteamericano, España fue normalizando su situación exterior, ingresando en los organismos internacionales, lo que culminó en 1955 con la entrada en la ONU. La apertura al exterior fue también económica: concesión de créditos, ampliación del comercio, emigración, turismo, etc.

El Plan de Estabilización

La situación económica siguió siendo difícil. La vía autárquica impuesta desde 1939 se había mostrado ineficaz. El nivel de vida continuaba siendo tan bajo que la escasa industria era excesiva para atender la demanda interna. No obstante, la producción mejoró respecto a la del decenio anterior, pudiendo superarse la miseria de los años cuarenta. Ya en 1950 se había permitido la venta libre de algunos productos entonces básicos, como las lentejas o los garbanzos. La mejora de la producción agraria permitió que en mayo de 1952 se suprimiera el racionamiento de

alimentos. La necesidad de hacer crecer la demanda para favorecer la producción y el empleo provocó la paulatina eliminación de las principales medidas autárquicas: liberalización del comercio interior, apertura comercial exterior y fin del racionamiento.

Sin embargo, continuaron los graves problemas crónicos, en especial la inflación incontrolable y el déficit comercial con el exterior, propios del atraso. La persistencia de estas deficiencias abocó al país a la bancarrota al final de los años cincuenta. Era necesario un cambio radical en el rumbo económico franquista. Este se produjo a partir del Plan de Estabilización de 1959, que pretendía transformar a fondo las bases económicas a través de la apertura al exterior y la modernización. Con estas medidas se quería incorporar España al dinamismo productivo y a la prosperidad por la que atravesaba entonces Europa occidental. En una primera fase, había que sanear las deficiencias para, a continuación, comenzar el crecimiento por medio de la liberalización económica, término que no agradaba en absoluto a Franco. El Plan fue globalmente un éxito, aunque inicialmente produjo una crisis al provocar la eliminación de numerosas empresas deficientes, incapaces de trabajar en un mercado más libre y competitivo. Pero sentó las bases de lo que en poco tiempo iba a significar un crecimiento espectacular.

Socialmente estos años fueron contradictorios. Por una parte, se adoptaron medidas que beneficiaron a los trabajadores, como la introducción de seguros sociales o la estabilidad en el empleo, dentro de unos niveles de vida muy bajos. Por otra, sin embargo, el régimen continuó reprimiendo cualquier reivindicación y negando las libertades sindicales, de igual forma que se negaban las libertades políticas.

El Plan de Estabilización

La mejora de la economía no impidió que afloraran problemas estructurales que evidenciaban deficiencias de fondo que impedían un despegue sólido del país. Una serie de nuevos ministros propugnaron una modificación a fondo de la economía. El punto de partida fue la elaboración del Plan de Estabilización, del que el principal responsable fue el ministro Luis Ullastres.

El final de las hostilidades de la Guerra Civil dio paso al surgimiento de grupos guerrilleros *(maquis)* en zonas montañosas, formados por combatientes del ejército republicano. Perduraron hasta 1950 aproximadamente, pero nunca llegaron a constituir un peligro serio para el régimen.

Las primeras contestaciones al franquismo

Frente al inmovilismo del régimen, la oposición comenzó lentamente a reorganizarse, surgiendo un movimiento nuevo que tenía poco que ver con los derrotados de 1939. Estos habían intentado implantar en la década de los cuarenta una guerrilla interna, el *maquis,* que había llevado a cabo acciones aisladas en las zonas montañosas. A medida que la consolidación del franquismo se hacía cada vez más evidente, el desánimo se apoderó de sus miembros, y hacia 1950 se extinguió. Las direcciones de los partidos y sindicatos antifranquistas continuaron operando desde el extranjero, si bien sus acciones y su capacidad de influencia eran muy limitadas ante la dura represión. Tan sólo el Partido Comunista consiguió mantener una cierta organización en España.

A pesar de todo lo anterior, en los años cincuenta se produjeron las primeras acciones im-

portantes de protesta política. Así, en 1951, Barcelona conoció la llamada «huelga de tranvías». Un hecho aparentemente sin importancia, la subida del precio de los billetes, fue contestado con la no utilización de estos medios de transporte por la mayor parte de la población, acabando en una huelga general. Poco después se llevaron a cabo huelgas en el País Vasco y Navarra, así como en Asturias.

La acción opositora más significativa fue la de la Universidad de Madrid de febrero de 1956. La petición de elecciones democráticas de los representantes para un futuro Congreso Nacional de Estudiantes, acabó en enfrentamientos violentos entre grupos de éstos y falangistas. El gobierno tomó una serie de medidas para acabar con la protesta: la Universidad fue cerrada; los dirigentes de los alumnos, detenidos; se declaró el estado de excepción en todo el país; y el ministro de Educación, Joaquín Ruiz Jiménez, fue

Protestas universitarias

Aun cuando durante los años cuarenta hubo alguna acción de protesta y pequeñas huelgas en puntos de Cataluña, Asturias y el País Vasco, la primera gran protesta fue la de 1951, en Barcelona, en la «huelga de los tranvías». La falta de cauces libres de expresión transformaba cualquier reclamación en un problema de orden público.

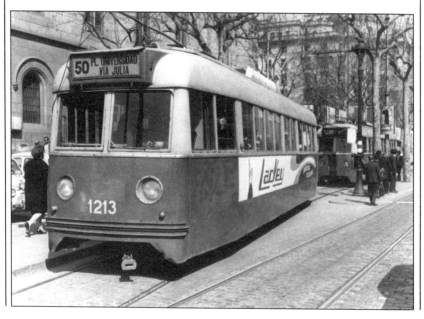

Entre los tecnócratas del Opus Dei que ocuparon altos cargos en la Administración destacó López Rodó. Catedrático de Derecho Administrativo, fue nombrado comisario del Plan de Desarrollo en 1962, cargo desde el que fue el principal artífice de los sucesivos Planes hasta 1975. Fue ministro desde 1965 hasta 1973. Fue hombre de confianza de Carrero Blanco.

cesado por demasiado «liberal». Aunque todas estas acciones fueron sofocadas, mostraron la existencia de la oposición de una parte de los españoles, así como la de pequeñas organizaciones contrarias al franquismo que, con el tiempo, cristalizarían en los nuevos sindicatos y partidos políticos democráticos. Fruto de los hechos de 1956 fue la creación del Frente de Liberación Popular, también conocido por «Felipe». La mayor parte de sus miembros eran universitarios y tuvo cierta importancia hasta 1961, llegando a funcionar como un partido político clandestino. Sus principales dirigentes fueron detenidos en 1959, siendo defendidos por José María Gil Robles, el que fuera ministro de la CEDA. Al «Felipe» pertenecieron, entre otros, Narcis Serra, José María Maravall, Julián Campo y Joaquín Leguina.

Los tecnócratas

En cuanto a la dinámica interna del franquismo, el hecho más significativo de estos años fue la formación del gobierno de 1957. En él descollaron dos personajes que serían básicos hasta casi el final del régimen: el almirante Carrero Blanco —colaborador inmediato de Franco desde 1940— y el miembro del Opus Dei y catedrático, Laureano López Rodó. Ellos fueron quienes presentaron al Caudillo el proyecto político futuro: una Monarquía católica y tradicional surgida del 18 de julio de 1936 y de sus ideales, y la elección del príncipe Juan Carlos de Borbón como sucesor en su día. A pesar de que esta estructuración de la sucesión de Franco contó con la aprobación de éste, aún tardó doce años en aplicar este plan.

La ausencia de cambios en los ideales de la dictadura quedó de nuevo de manifiesto en la Ley de Principios del Movimiento Nacional de 1958. Casi veinte años después de acabada la lucha fratricida, la definición que hacía de sus ideas básicas era la misma que se repetía desde 1939: España era una Monarquía católica, fiel a los ideales de los vencedores, que repudiaba cualquier concesión a la democracia. No obstante, algo se estaba moviendo dentro de las fuerzas franquistas. Alrededor de Carrero y de López Rodó se formó un grupo de altos cargos que, manteniéndose fieles a las ideas conservadoras y antidemocráticas, ya tenían poco que ver con los viejos principios semifascistas provenientes de la Falange. Fue este grupo el que dio una nueva orientación a la economía española, pretendiendo introducir en ella la modernización que no se daba en la política. De la mano de este grupo de expertos (llamados tecnócratas) que anteponían hasta cierto punto un determinado grado de pragmatismo a la ideología ultraconservadora, miembros muchos de ellos de la asociación católica integrista Opus Dei, se inició una nueva etapa del franquismo, caracterizada por el crecimiento económico.

Tecnocracia

Franco aparece rodeado del gobierno que formó en 1957. En él destacó la presencia de dos personajes: Carrero Blanco (abajo, segundo a la izquierda) y Ullastres. Ambos, vinculados al Opus Dei, iniciaron los primeros pasos de la gran reforma de la economía, que cristalizaría en el gran desarrollo de los años sesenta.

5

El desarrollo económico de los años sesenta fue fulgurante, con una mejora espectacular del nivel de vida. Una de sus consecuencias negativas fue la acelerada despoblación de grandes áreas rurales, cuyos habitantes emigraron en masa a las ciudades.

Crecimiento económico e inmovilismo político (1959-69)

El decenio que se va a relatar a continuación tuvo como principal característica un espectacular desarrollo de la economía española, que entró en un rápido proceso de modernización y transformación. Las repercusiones sociales de este proceso supusieron un cambio radical hacia formas más abiertas, un mayor nivel educativo y cultural y una atenuación de la pobreza y de las diferencias sociales. Como contraste, el comportamiento político de la dictadura continuó la defensa acérrima de sus postulados y el inmovilismo total, que no hizo sino alejar cada vez más la España oficial, anclada en la guerra, de la España real, inmersa en la modernización y en la aproximación a Europa. No es de extrañar que ante esta situación el franquismo procu-

rase buscar su legitimidad en la prosperidad y el progreso de la economía, intentando hacer olvidar su propio origen.

Desarrollismo y éxodo rural

El éxito del Plan de Estabilización de 1959 fue considerable. Las ideas de los tecnócratas se mostraban correctas y permitieron a España unirse al proceso de crecimiento acelerado por el que atravesaba Europa occidental en estos años. De ésta procedían las grandes inversiones de capitales, imprescindibles para el despegue de la industria, la tecnología y el turismo, que aportó una gran riqueza al país.

Los datos muestran la espectacularidad del cambio. El Producto Nacional Bruto en pesetas constantes se dobló entre 1960 y 1969, al igual que la renta per cápita. La población activa pasó desde el predominio del sector agrario a una diversificación propia de una sociedad más moderna. En estos años el número de trabajadores activos en el sector servicios creció en 1.100.000, en la industria en 700.000 y en la construcción en 250.000; mientras, en la agricultura se redujo en 1.220.000, lo que supuso pasar del 42% de la población activa total en 1960 al 25% en 1970.

Los resultados más palpables del desarrollo se manifestaron en la industria. Esta creció a un ritmo del 10% anual, gracias en gran medida a las

Los datos de estos cuadros son harto elocuentes. Mientras el Producto Nacional per cápita disminuyó entre 1935 y 1950, y creció lentamente en la década de los cincuenta, el progreso fue espaciándose en los años sesenta. Así quedaban dibujados los tres grandes períodos de la historia económica del franquismo: recesión de los cuarenta, lento crecimiento de los cincuenta, gran desarrollo de los sesenta.

Producto Nacional Bruto (per cápita)		Producción Industrial (per cápita)		Producción Agrícola (per cápita)	
1935	100	1935	100	1935	100
1940	79,6	1940	101	1940	73,5
1945	70,6	1945	95,4	1945	58,2
1950	85,3	1950	118,3	1950	70,3
1955	111,0	1955	171,8	1955	77,5
1960	132,8	1960	264,6	1960	91,5
1965	198,1	1965	396,9	1965	120,4
1970	253,6	1970	549,3	1970	135,6

cuantiosas inversiones extranjeras que veían en España un mercado favorable y una mano de obra barata y abundante. Un dato ilustra la magnitud de este fenómeno: en 1960 la inversión procedente del extranjero fue poco más de cien millones, mientras que en 1968 alcanzaba los ocho mil. El desarrollo industrial y de los servicios dio lugar a una demanda de mano de obra que se nutrió a partir del excedente existente en el campo. Se produjo un gigantesco éxodo rural con la despoblación de la España campesina en beneficio de la urbana e industrial (Madrid, Barcelona, País Vasco). En la década de los sesenta, unos cuatro millones de españoles cambiaron de residencia. A ello se unió la emigración a los países de Europa occidental, que afectó durante este período a un millón de personas.

La agricultura era un sector especialmente atrasado y sufrió de forma contradictoria los efectos del progreso. Por una parte, el éxodo rural la privó de la abundante mano de obra, lo

En la década del desarrollo se multiplicó la inversión extranjera, lo que fue fundamental en el crecimiento del período. De esta manera se consiguió tanto capital necesario para las grandes inversiones como tecnología, de la que España era deficitaria. Una parte importante de las grandes empresas europeas y norteamericanas se instalaron en nuestro territorio.

que encareció los salarios. Por otra, y a remolque de los otros sectores, introdujo mejoras evidentes: mecanización y nuevas técnicas (abonos, insecticidas, herbicidas, especialización en las cosechas, etc.), que permitieron un aumento claro de la producción agraria.

Los Planes de Desarrollo

Los ministros tecnócratas idearon completar el desarrollo con un programa de planificación que lo coordinase y orientara. Para ello se elaboraron los Planes de Desarrollo Económico y Social. El primero abarcó de 1964 a 1967 y fue seguido de otros dos, que se aplicaron hasta 1975. Estos Planes se centraron en el fomento de la industria, sector considerado fundamental para el desarrollo general. Se procuró la creación de empresas de grandes dimensiones, así como disminuir los desequilibrios regionales, orientando la localización de las nuevas fábricas hacia zonas poco industrializadas. Para llevar a cabo esto

Dentro de los Planes de Desarrollo se introdujeron los Polos de Desarrollo y de Promoción Industrial. Se inspiraban en los modelos de planificación empleados en Francia en estos años. Su misión era contrarrestar los desequilibrios económicos regionales. Se potenciaba la instalación de nuevas empresas mediante facilidades fiscales, subvenciones, oferta de terrenos, etc. Los primeros Polos se localizaron en Burgos, La Coruña, Huelva, Sevilla, Valladolid, Vigo y Zaragoza. En la imagen, López Rodó presenta en rueda de prensa el Tercer Plan de Desarrollo.

41

último, se crearon los llamados Polos de Desarrollo, a los que se concedieron facilidades de todo tipo para atraer la implantación de industrias.

Este período de excepcional crecimiento permitió al Opus Dei, con el apoyo de Carrero Blanco, incrementar su poder. La propaganda oficial deseaba hacer creer que la nueva prosperidad era un éxito del régimen, cuando la causa básica fue, en realidad, la favorable coyuntura internacional, que permitió grandes beneficios empresariales, un consumo creciente y la ampliación constante de las industrias. La planificación gubernamental fue de dudosa eficacia, y fracasó claramente en la política de los Polos de Desarrollo. No obstante, España, que en 1960 era, junto con Portugal, el país más pobre de Europa, dejó de ser un país subdesarrollado al final de esa década.

Un aspecto positivo de los años de desarrollo fue la mejora del nivel de vida, manifestada en la introducción en muchos hogares de bienes de consumo ignorados hasta entonces. Las mejoras salariales y la implantación de empresas extranjeras productoras de ellos, hicieron accesibles los electrodomésticos y el automóvil, comenzando por el entonces popular Seat seiscientos.

La realidad social se modificó en pocos años paralelamente a la modernización de la economía. La población campesina vio mejorar su nivel de vida gracias al aumento de la producción y de los salarios, y a la reducción de la población dependiente de ella. Sin embargo, las rentas agrarias continuaron siendo muy inferiores a las de la población urbana, acrecentada con unas clases medias más numerosas (funcionarios, técnicos, profesiones liberales), así como a causa del crecimiento de la clase obrera, fruto de la notable expansión de la industria y de la construcción.

El aumento de las rentas supuso una mejora del nivel de vida de una parte importante de los españoles, con la incorporación a la sociedad de consumo. Fue el momento en que entraron en los hogares españoles el frigorífico, el televisor, la lavadora, el tocadiscos, el coche..., bienes hasta entonces limitados a una minoría.

El desarrollo económico

En 1961 el número de turistas llegados fue de siete millones y medio, y en 1970 superaba los veinticuatro millones. Estos viajeros, procedentes de los países europeos occidentales más avanzados, encontraron en España un destino desconocido y barato. Al tiempo que generaron puestos de trabajo directos e indirectos, permitieron capitalizar el país.

El cambio económico arrastró la transformación de la sociedad. La mayor capacidad adquisitiva y la llegada masiva de turistas modificaron las costumbres, acercándolas a las europeas occidentales. La España tradicional perdió paulatinamente influencia. La tolerancia, la permisibilidad social y la pérdida de influencia de la religión se impusieron frente al conservadurismo oficial, que veía con desagrado la modernización en las costumbres y en el comportamiento de los españoles.

El desarrollismo, la teoría que pretendía que el régimen había conseguido la prosperidad —intentando hacer olvidar los veinte años de miseria y atraso anteriores a 1960—, se convirtió en la retórica oficial que suplantaba la vieja palabrería fascistoide falangista. Pero no todo fueron éxitos en este período. Graves problemas es-

En la política de obras públicas el franquismo tuvo una fuerte inclinación a las obras grandiosas, siendo famoso y objeto del sarcasmo popular la obsesión por la construcción de pantanos. Muchos de éstos tuvieron una indudable utilidad en la producción hidroeléctrica y en la ampliación de regadíos. Pero otros fueron totalmente inútiles, fruto de la megalomanía del dictador.

tructurales afloraron: la inflación fue siempre incontrolable; el déficit comercial era crónico; la evolución económica era irregular, con períodos de estancamiento; el desarrollo afectó de forma desigual al territorio español, agudizando las diferencias y provocando el éxodo rural masivo; el crecimiento urbano se hizo desordenadamente, favoreciendo la especulación y la aparición de barrios obreros periféricos hacinados, con construcciones de mala calidad y con grandes deficiencias en servicios e infraestructura urbanística. Además, el desarrollismo no prestó ninguna atención a las consecuencias ecológicas del dinamismo incontrolado general. Desastres irreparables se multiplicaron: en la costa se levantó una muralla de edificios turísticos y las industrias contaminantes se ubicaban en cualquier lugar, sin ningún control.

Desarrollo incontrolado

La llegada masiva a las grandes ciudades de inmigrantes procedentes de las áreas rurales generó la aparición de los actuales grandes barrios periféricos, alejados y con deficiencias estructurales. Junto a éstos, persistían las bolsas de miseria, ocupadas por los no asimilados por el desarrollo. Los gobiernos de aquella época fueron escasamente sensibles a estas carencias, que acabaron generando movimientos sociales de protesta.

La Universidad volvió a ser en los sesenta el principal foco opositor al franquismo, como en 1956. Los dirigentes del régimen quedaron sorprendidos por estas movilizaciones ya que la mayoría de los estudiantes pertenecían a las clases sociales elevadas o medias. La protesta iniciada entonces no cesó hasta la muerte de Franco en 1975.

La oposición democrática

En contraste con la bonanza económica, el período que estamos contemplando fue políticamente el de la reaparición de una potente oposición interna, que demandaba la instauración de un régimen democrático. Este movimiento tenía pocas vinculaciones con los políticos exiliados desde 1939, a pesar de que el franquismo utilizó su monopolio periodístico para achacarlo a conjuras comunistas provenientes del extranjero.

La oposición surgió en múltiples frentes, algunos de ellos de forma sorprendente para la dictadura, como la Iglesia o la Universidad. Esta última, después de unos años de paréntesis tras la dura represión de 1956, vivió en permanente protesta a partir de 1964 y hasta el final del franquismo en 1975. Huelgas, manifestaciones, encierros y escritos se multiplicaron a pesar de la dureza con que fue respondida la contestación

estudiantil. Esta denunció sistemáticamente lo que más hería a Franco: la carencia de legitimidad democrática y la necesidad de retornar a un régimen parlamentario. La única respuesta que se obtuvo fue la represión policial y judicial.

Otro frente de oposición que se abrió en estos años fue el del movimiento obrero. Este había desaparecido prácticamente después de 1939, y sólo esporádicamente había surgido en algunas acciones aisladas, como las huelgas de la década de los años cincuenta. Pero a partir de los sesenta, las acciones obreras de protesta se multiplicaron. Las huelgas, prohibidas y duramente reprimidas, fueron muy frecuentes, al igual que las manifestaciones. No dejaba de ser llamativo que un hecho ilegal, la huelga, se produjera sistemáticamente por todo tipo de causas (salariales, de condiciones de trabajo, por solidaridad con represaliados, políticas, etc.). Des-

Otro foco opositor que cristalizó en esta época fue el sindical. Teóricamente en España no había lucha de clases, y la Organización Sindical Española (sindicatos franquistas) agrupaba tanto a empresarios como a obreros. Sin embargo, auspiciados por sindicalistas procedentes de movimientos obreros cristianos y del Partido Comunista, surgieron las Comisiones Obreras, que utilizaron la Organización Sindical oficial para poder actuar con éxito en las grandes empresas industriales.

En 1966, las Comisiones Obreras habían ganado las elecciones sindicales oficiales en el sindicato franquista en las grandes empresas en una hábil campaña de copar aquél. Inmediatamente plantearon reivindicaciones sociales y políticas y huelgas de apoyo, que culminaron el 27 de enero de 1967 en una jornada de movilización en toda España, que se unía a otra convocada por los universitarios. Sobre estas líneas, el cardenal Tarancón, que impulsó un moderado aperturismo en la Iglesia española.

de comienzos de los sesenta, una serie de nuevos dirigentes obreros, procedentes del Partido Comunista y de movimientos obreros católicos, se infiltraron en la organización sindical franquista para presentar todo tipo de reivindicaciones. Así surgieron, a partir de 1962, Comisiones Obreras, que pronto se impusieron sindicalmente en las grandes industrias.

Incluso desde la Iglesia católica se manifestaron opiniones contra la carencia de libertades, lo que sumió a Franco en la perplejidad. El distanciamiento entre Iglesia y franquismo fue creciendo. En 1968 la Conferencia de Obispos españoles criticó los sindicatos franquistas y defendió la libre sindicación de los obreros. Estas posiciones ya se habían iniciado años antes en los movimientos católicos obreros: Juventud Obrera Católica y Hermandad Obrera de Acción Católica.

Otro hecho significativo fue el que, al morir en 1968 el anciano cardenal Pla y Deniel, el nombramiento de primado de la Iglesia en España recayera en monseñor Vicente Enrique y Tarancón. Este se identificaba con el espíritu aperturista del Concilio Vaticano II, y era moderadamente crítico con el franquismo.

Dos fueron los hechos más destacados en la oposición política. Por una parte, el resurgimiento del nacionalismo, especialmente perseguido durante toda la dictadura, sobre todo en el País Vasco. Por otra, la consolidación de la oposición democrática.

En 1959, se fundó ETA como una forma radicalizada del viejo nacionalismo vasco, dominado hasta entonces por el PNV, y las acciones terroristas se multiplicaron rápidamente. Y en 1962 se reunieron en Munich (República Federal Alemana) 118 personalidades de toda la oposición, tanto del exilio como del interior. Demócrata-cristianos, monárquicos liberales, republicanos,

Nacimiento de ETA

La reunión en Munich, en 1962, de diversas personalidades de la oposición democrática, tanto procedentes del exilio como de España, sirvió para mostrar la existencia de voces discrepantes. Aunque la representación real fue limitada, provocó una airada reacción del sistema contra lo que se denominó oficialmente «El contubernio de Munich».

El TOP

El paso del tiempo no introdujo cambios significativos en la composición y actitud de las Cortes franquistas. En los últimos años del franquismo, aún se veían numerosos uniformes del Movimiento en los escaños, aunque ya había indumentarias civiles entre ellos.

nacionalistas y socialistas emitieron una proclama común a favor del restablecimiento de la democracia. Franco reaccionó violentamente, montando una campaña de desprestigio y de injurias contra los participantes desde la prensa y exhibiendo las tradicionales manifestaciones de apoyo al régimen. Los participantes del interior fueron multados al regresar, y algunos incluso deportados. La propaganda franquista llamó a esta reunión «el contubernio de Munich».

Todos estos conflictos ponían de manifiesto el fracaso del franquismo. Capas cada vez más numerosas de la sociedad apoyaban un cambio hacia formas políticas democráticas. Franco fue incapaz de aceptar este hecho, y su única respuesta fue la represión: creación del Tribunal de Orden Público (TOP) para juzgar los delitos políticos, duras condenas a dirigentes políticos y sin-

dicales (así como a simples participantes en actos de protesta), frecuentes cierres de universidades, declaraciones de estados de excepción, arrestos, etcétera.

La «democracia orgánica»

Pero el franquismo continuó estructurándose políticamente, ya que, a pesar de los años transcurridos desde 1939, su sistema político aún estaba incompleto. En 1966 se aprobó la Ley Orgánica del Estado, que pretendía dar un aire de normalidad a la Dictadura. Según esta ley, España se estructuraba como una «democracia orgánica», en la que la representación no la ejercían los ciudadanos individualmente, sino los «órganos» (la familia, el municipio y el sindicato). A las Cortes franquistas se incorporaban cien representantes de las familias, de carácter electivo, pero con tales cortapisas que la práctica no permitía que resultaran elegidos miembros de la

La parsimonia con que Franco tomaba las decisiones importantes se puso de manifiesto en un tema crucial como era la sucesión. Por la Ley de 1947, él mismo tenía la potestad de designar a la persona que ocuparía su puesto. En 1957, Carrero Blanco y López Rodó le presentaron el proyecto por el que instauraría la Monarquía en la persona del príncipe Juan Carlos. Sólo en 1969 fue designado sucesor oficialmente. En la fotografía, la firma de la Ley de Sucesión.

51

La sucesión de Franco

Luis Carrero Blanco (1903-1973). Militar que ocupó puestos de responsabilidad a lo largo de todo el franquismo. Fue nombrado subsecretario de la Presidencia del Gobierno en 1940, permaneciendo próximo al *Caudillo* hasta su muerte. Se convirtió en su hombre de confianza a partir de los años sesenta, y estaba destinado a garantizar la continuidad del franquismo después de Franco. Fue ministro, vicepresidente del Gobierno en 1969 y Jefe del mismo en 1973. Murió en un atentado de ETA pocos meses después.

oposición, que lógicamente nunca aceptó esta parodia de democracia. Además, las leyes aprobadas por las Cortes no podían contravenir los principios fundamentales del Movimiento Nacional. Se identificaba por completo el Estado con el partido único legalmente vigente (el Movimiento Nacional).

Otro importante tema pendiente para el franquismo era el de la sucesión de Franco, que se aproximaba ya a los setenta años. *El Caudillo* tenía que decidir quién sería el rey que asumiría la Monarquía creada por el régimen. Se había descartado a don Juan de Borbón, legítimo heredero del rey Alfonso XIII, por la posición de éste a favor de la democracia, y a partir de 1960 fue inclinándose hacia el príncipe Juan Carlos, hijo de don Juan. Así y todo, la designación definitiva se hizo esperar hasta 1969, cuando *el Caudillo* tenía ya setenta y seis años.

Este hecho marca el comienzo de la etapa final y del declive de la Dictadura. Franco, que padecía la enfermedad de Parkinson, sufrió un rápido envejecimiento a partir de 1965. Su decadencia física agravó el divorcio creciente entre su régimen, que se centraba totalmente en él, y la sociedad española. Los mismos franquistas se dividieron entre los defensores del inmovilismo a ultranza, los llamados «ultras» o «bunker», y los que preconizaban algunas aperturas para adecuarse a la nueva situación española, tan diferente de la de 1939. Acabó imponiéndose el sector más conservador, por el que se inclinó Franco. Remarcando esta postura, defendió hasta la muerte la inalterabilidad de lo esencial de sus ideas, pensando incluso que debía asegurar que permanecieran iguales después de su desaparición. Para ello comenzó en 1969 la delegación de algunas de las numerosas funciones que seguía acumulando. Dicho año designó vicepresidente del Gobierno al almirante Carrero Blanco, persona que gozaba de su absoluta confianza. Este, bastante más joven que el general, debía ser el continuador del franquismo, estaba alineado en las posturas más duras y había sido colaborador directo suyo desde 1940.

El «Caso Matesa»

Pero otro hecho destacado, ocurrido también en 1969, vino a deteriorar el ya maltrecho prestigio del régimen. Un escándalo financiero de gran volumen, el «Caso Matesa», hizo aflorar una posible estafa por valor de varios miles de millones de pesetas. A dicho escándalo aparecían vinculados personajes miembros del Opus Dei, que fueron detenidos y procesados. Inmediatamente salieron a la luz las relaciones de éstos con dos ministros del área económica del gobierno, también pertenecientes a dicha congregación religiosa. Ante esta utilización de las influencias en altas instancias gubernamentales para fines ilícitos, Franco reaccionó inicialmente ignorando la cuestión. Pero algunos ministros, como el de Información y Turismo, Manuel Fraga, vieron la ocasión de desprestigiar al sector del gobierno vinculado al Opus. Para ello favorecieron la publicidad de lo ocurrido, destacándolo la prensa oficial del Movimiento Nacional. La intención del *Caudillo* de que el escándalo fuera amortiguándose de forma paulatina fracasó a causa de los propios enfrentamientos entre los ministros.

Finalmente, Franco no tuvo más remedio que intervenir, actuando de la misma manera que lo había hecho en otras ocasiones. Nombró un nuevo Gobierno del que no formaban parte ni los ministros implicados directamente con el «Caso Matesa» ni los que habían favorecido la campaña anti-Opus. Manuel Fraga fue destituido, sustituyéndole Alfredo Sánchez Bella.

Manuel Fraga, ministro de Información y Turismo en 1969, intervino directamente en el «Caso Matesa», dando publicidad al hecho a través de los medios de comunicación oficiales (radio, televisión, agencia de prensa, diarios del Movimiento). Su intención era debilitar al sector Opus del gobierno, cosa que logró, aunque le costara el puesto, ya que fue sustituido en la inmediata remodelación gubernamental.

6

El penoso final de la Dictadura (1969-1975)

Los últimos años del franquismo fueron los más agitados de su larga vida. En contra de lo esperado, la prosperidad económica no generó una adhesión al régimen, sino que, por el contrario, hizo surgir un ansia general de cambio y de mayores libertades, fruto de la modernización de la sociedad española.

La mayor preocupación del entorno de Franco en sus últimos años fue intentar asegurar la continuidad del régimen tras la muerte del *Caudillo,* que, teniendo en cuenta su edad y su estado de salud, no podría tardar en producirse. Frente a esta intención, se alzó la creciente oposición democrática. Los enfrentamientos entre ambos sectores —franquismo y oposición— echaron por tierra uno de los mitos más queridos por Franco, el de la paz que había conseguido tras generaciones de españoles enfrentados en contiendas civiles. Esta idea pretendía olvidar que su poder había surgido de una guerra civil. Pero este período se caracterizó por acciones permanentes en favor de la vuelta a un régimen democrático. Las movilizaciones fueron creciendo en número y envergadura, y contando con el apoyo de sectores cada vez más numerosos. La única respuesta que obtuvieron del régimen fue la dureza y la represión.

La oposición aumenta

Las huelgas obreras, que continuaban prohibidas, se multiplicaron en número, del mismo modo que las realizadas en solicitud de libertad sindical y política. En algunos casos, la fuerza de los sindicatos clandestinos se puso en evidencia con la paralización de ciudades enteras por huelgas generales.

A medida que pasaban los años, las movilizaciones antifranquistas aumentaban en número, como demostración del creciente deseo popular de ir hacia una sociedad democrática. Pero esta idea era inaceptable para Franco. La respuesta que obtuvieron fue la acción policial, que generaba a su vez nuevas protestas de solidaridad.

Un frente inesperado se le abrió al franquismo a partir de 1966: el distanciamiento creciente con la Iglesia, y la protesta concreta de numerosos miembros del clero. En la imagen, los padres Llanos y Díez-Alegría, sacerdotes del Pozo del Tío Raimundo, barrio obrero muy humilde de las afueras de Madrid, donde la combatividad antifranquista alcanzó altos niveles.

La Iglesia fue distanciándose progresivamente del régimen. En 1971 la asamblea conjunta de obispos y sacerdotes aprobó una resolución en la que solicitaba el perdón por no haber favorecido la reconciliación entre los bandos enfrentados en la Guerra Civil. Este hecho era especialmente significativo por cuanto implicaba el rechazo al tradicional apoyo mutuo entre Iglesia y franquismo. En 1973, los obispos solicitaron la revisión del Concordato de 1953 y la separación entre la Iglesia y el Estado, lo que indicaba el deseo de enfriar las íntimas relaciones anteriores. Numerosos sacerdotes fueron detenidos, juzgados y encarcelados por participar en acciones de protesta, firmar escritos o apoyar a la oposición. Incluso hubo que adecuar una prisión, la de Zamora, para miembros del clero.

Un sector de la Iglesia se entregó de lleno a la atención de los menesterosos, en especial en los barrios más pobres de las grandes ciudades.

Jesuitas, como Llanos o Díez-Alegría, entre otros muchos sacerdotes, se dedicaron a intentar dotar a barrios enteros de servicios sociales: escuelas, asfalto, ambulatorios, viviendas dignas, etc. Se convirtieron así en líderes comprometidos con la sociedad en la que vivían.

Las acciones terroristas también se incrementaron de forma espectacular, especialmente las llevadas a cabo por ETA. En diciembre de 1970, varios miembros de esta organización, acusados de graves atentados, fueron juzgados por un consejo de guerra en Burgos. La propia dureza del código de justicia militar hizo que el fiscal solicitara seis penas de muerte. El gobierno creía que esta severidad serviría para mostrar a la oposición su firmeza ante la violencia.

Pero los resultados fueron muy negativos. La opinión pública reaccionó con sorpresa ante la desmesura de las penas solicitadas. El País Vasco se movilizó en contra por medio de

<table>
<tr><td>

El Consejo de Burgos

</td></tr>
</table>

Muchos sacerdotes llevaron su postura de compromiso con la clase obrera hasta el extremo de afiliarse a organizaciones combativas, de tipo sindical primero y político después. Algunos abandonaron el sacerdocio y pasaron a militar en diversos grupos, desde la ORT (Organización Revolucionaria de Trabajadores, de raíces católicas) hasta el Partido Comunista. En la imagen, García Salve, que pasó de sacerdote jesuita a miembro del PC.

El Consejo de Burgos

El Consejo de Burgos tuvo tales repercusiones interiores que obligó al gobierno a declarar el estado de excepción en toda España. Por otro lado, hizo que se uniesen las facciones de ETA, superándose la crisis que padecía la organización, que inició una gran campaña de atentados a partir del año 1971.

huelgas, asambleas, manifestaciones, etc., y otras grandes ciudades del resto de España conocieron acciones similares. La misma asamblea plenaria del episcopado pidió clemencia. En toda España se multiplicaron las muestras de repulsa contra el franquismo. Acosado por todos estos hechos, el régimen respondió con las medidas tradicionales: declaración del estado de excepción, que agravaba las limitaciones de las libertades individuales y aumentaba las sanciones, y el tradicional montaje de una magna manifestación patriótica de adhesión a Franco.

El consejo de guerra de Burgos dictó finalmente las seis sentencias de muerte, que fueron conmutadas de inmediato. Esta medida de gracia llegó tarde. Se habían dado muestras de una dureza desacorde con los tiempos, y más propia de los años cuarenta. La opinión pública, sobre todo la vasca, quedó traumatizada por la desme-

dida represión, y el divorcio creciente entre el franquismo y la mayoría de los españoles se ahondó. Uno de sus mayores errores fue la persecución sistemática que ejerció sobre parte del pueblo vasco.

El régimen se resquebraja

El mismo franquismo sufrió en estos años enfrentamientos internos y divisiones, desconocidos en los períodos anteriores. Algunos intentos de apertura moderada hacia cierta libertad política chocaron con la negativa total del sector más conservador y numeroso del régimen, que no estaba dispuesto a evolucionar lo más mínimo, anclado en el recuerdo de una victoria militar sucedida hacía más de treinta años. Altos cargos de la Administración abandonaron las filas del Movimiento Nacional ante la imposibilidad evidente de que el sistema evolucionara de forma paralela a la sociedad. Los mismos ministros estaban divididos. El sector más numeroso

El general Tomás Garicano Goñi fue nombrado ministro de Gobernación en el gobierno de Carrero de 1969. Como era costumbre en el régimen, el orden público fue encargado a un militar, y sustituía a un duro, el general Alonso Vega. Sin embargo, Garicano Goñi se manifestó contrario a los ultras y defensor del cambio generacional y cierta apertura política.

y próximo al *Caudillo,* encabezado por Carrero Blanco, criticaba todo tipo de aperturismo; otros ministros, entre ellos el responsable del orden público, el general Garicano Goñi, defendían la necesidad de una cierta liberalización a través de las entonces denominadas «asociaciones políticas», especie de partidos políticos restringidos.

En las Cortes, los procuradores (diputados) ultras lanzaban violentas proclamas contra las mínimas manifestaciones de cambio de las esencias franquistas, como el inicio de relaciones diplomáticas con algunos países del este de Europa, o el proyecto de objeción de conciencia del servicio militar.

Ante esta división de sus partidarios, Franco tuvo actitudes diversas, aunque la mayor parte de las veces apoyó las posturas inmovilistas. En 1972 volvió a insistir en la defensa de sus ideas políticas esenciales, imperturbables desde 1939:

El origen de ETA fue una pequeña escisión en el seno del Partido Nacionalista Vasco. Las Juventudes del partido se opusieron a las directrices de los dirigentes en el exilio. Este grupo de jóvenes abandonó las Eusko Gastedi (Juventudes nacionalistas) y fundó ETA (acrónimo de Euskadi Ta Azkatasuma, Euskadi y Libertad) en 1959.

rechazo de los partidos políticos, sistema de gobierno basado en la doctrina de la Iglesia católica y justificación —a través del desarrollo económico— del partido legal único, el Movimiento Nacional. Esta postura se reforzó con el nombramiento de un nuevo gobierno en junio de 1973. En él, por primera vez, se separaban las jefaturas del Estado —que continuaba en manos del general— y del gobierno, que recaía sobre el fiel Carrero. Garicano Goñi fue reemplazado al frente del orden público por un «ultra», Arias Navarro, que más tarde jugaría un importante papel. Mientras, las relaciones entre Franco y don Juan Carlos, designado sucesor en 1969, se enfriaban a medida que el príncipe reanudaba las relaciones con su padre, don Juan.

Toda la estrategia del franquismo cara al futuro, que era el objetivo fundamental del gobier-

En junio de 1973 Carrero Blanco era nombrado Jefe del Gobierno. El nuevo gobierno supuso un giro a la derecha con el fin de contentar a los ultras, si bien se insistía en «el perfeccionamiento del régimen», que no era más que el proyecto de una ligera apertura política.

«Operación Ogro»

no de 1973, se derrumbó a causa de un hecho de enorme trascendencia: el 20 de diciembre de 1973 el almirante Carrero Blanco fue asesinado en Madrid por un comando de ETA, que hizo volar su coche blindado por encima de un edificio de cinco plantas. Fue la denominada «Operación Ogro». La acción, espectacular en sí misma por cuanto significaba la eliminación de la segunda jerarquía del franquismo, tuvo mayor importancia por sus repercusiones. Con Carrero desapareció la figura clave del futuro de la Dictadura. Era lo suficientemente joven como para intentar garantizar su continuidad, tras la muerte del *Caudillo*. Con él desaparecía el guardián de las esencias del régimen franquista.

El entierro de Carrero Blanco fue una manifestación de la ultraderecha y puso de manifiesto la descomposición que sufría la situación po-

El 20 de diciembre de 1973 Carrero volaba por los aires víctima de un atentado de ETA. La llamada «Operación Ogro» había comenzado casi dos años antes. Inicialmente los terroristas pensaron en un secuestro, pero abandonaron esta idea por su dificultad. El carácter metódico del jefe del Gobierno les facilitó la tarea. Diariamente acudía a misa a la misma hora a la iglesia de los jesuitas de San Francisco de Borja, en Madrid.

lítica. Los «ultras» pedían a gritos la ocupación del poder por el ejército, lo que no dejaba de ser un contrasentido a la vista de la profesión de Franco y de Carrero, así como de la abundancia de militares en altos cargos. Los franquistas moderados y aperturistas eran acusados de traidores. Un régimen que se declaraba oficialmente católico, era condenado por la Iglesia, y sus partidarios pedían a gritos en manifestaciones públicas la ejecución de los obispos «rojos». La frase «Tarancón al paredón», dedicada al entonces arzobispo de Madrid, se multiplicó en los días siguientes en las concentraciones ultras. La sensación general era que el franquismo estaba acabado, cuando tan sólo podía apoyarse en un anciano de ochenta años, enfermo, que no pudo conte-

El proceso 1.001

ner el llanto durante los actos fúnebres por el almirante.

El mismo día de la muerte de Carrero estaba previsto el juicio de los principales dirigentes del sindicato clandestino Comisiones Obreras ante el Tribunal de Orden Público, jurisdicción especial dedicada a delitos políticos. Fue el denominado «Juicio 1.001». Previsto desde tiempo atrás, la reacción de la extrema derecha tras el atentado del Jefe del Gobierno hizo temer por la vida de los sindicalistas. Fueron condenados a larguísimas penas de prisión y no serían liberados hasta después de la muerte de Franco.

Franco, enfrentado con los últimos actos de su vida, volvió a reafirmarse en sus posturas inalterables al elegir al nuevo Jefe de Gobierno. El elegido fue el ministro responsable del orden público, Arias Navarro, a pesar de su fracaso en el atentado de Carrero. Pero era un hombre fiel y con fama de duro. Con él, Franco volvía a optar por una solución de continuidad.

El mismo día de la muerte de Carrero se celebró el proceso 1.001 (ya que hacía el número 1.001 de los vistos por el TOP) ante el Tribunal de Orden Público, en el que estaban encausados diez de los principales dirigentes de Comisiones Obreras. Cuando ya ocupaban el banquillo tuvieron la noticia del atentado. La campaña de protesta en solidaridad con ellos se suspendió. En la foto, líderes de Comisiones Obreras durante una rueda de prensa; de izquierda a derecha, Marcelino Camacho, Juan Muñiz Zapico, Nicolás Sartorius y su esposa, Natalia de la Torre.

El «espíritu del 12 de febrero»

Arias y su gobierno tenían ante sí graves problemas: el orden público, la crisis económica de 1973, la sucesión de Franco y la posible reforma del régimen. En este último aspecto, el Jefe del Gobierno osciló, en los dos años de su mandato entre concesiones al aperturismo y retorno al autoritarismo, con lo que no satisfizo a nadie, ni a los franquistas ni a la oposición.

Las primeras medidas del nuevo gobierno sorprendieron a la opinión pública. Se temía una represión especialmente dura. Sin embargo, en un discurso ante las Cortes franquistas prometió la introducción de cierta liberalización en un plazo breve de tiempo, fue el entonces denominado «espíritu del 12 de febrero», fecha del citado discurso. En él habló de una mayor participación popular aunque dentro de los límites del régimen. Se proponía la elección de los alcaldes, designados desde 1939, la creación de asociaciones políticas y una mayor libertad sindical. La no-

«Espíritu del 12 de febrero»

Con Pío Cabanillas como ministro de Información en el primer gobierno de Arias Navarro (en la imagen) se abrieron esperanzas de que la reforma de la Dictadura se había iniciado. La tolerancia cultural e informativa se amplió considerablemente. Sin embargo, la incapacidad de evolución se manifestó en las presiones que culminaron con el cese de este ministro pocos meses después.

En el «caso Añoveros» se fundieron dos de los principales problemas que tuvo que afrontar Franco en sus últimos años: las relaciones con la Iglesia católica y el País Vasco. El obispo de Bilbao, navarro de nacimiento y con una trayectoria de preocupación por los temas sociales, puso en evidencia el divorcio insalvable del régimen con la sociedad española de 1974.

vedad fue recibida con optimismo, creyéndose que el franquismo, por fin, aceptaba una transición a la democracia. El cambio fue evidente en la prensa, que obtuvo cotas de libertad desconocidas desde 1939 gracias a la tolerancia introducida por el nuevo ministro de Información, Pío Cabanillas. La información ganó en veracidad y dejó de ser simple eco de las decisiones gubernamentales; en algunos periódicos y revistas aparecieron opiniones de la oposición democrática clandestina. Similar situación se produjo en el mundo cultural: la férrea censura se debilitó, y obras de teatro, cine o literatura prohibidas fueron exhibidas o publicadas; los primeros desnudos aparecieron en el cine y en la prensa. En general, y con la excepción del Partido Comunista, las escasas actuaciones de la oposición fueron toleradas.

Pero estos hechos alentadores fueron contrapuestos a otros de signo contrario. En febrero de 1974, monseñor Añoveros, obispo de Bilbao, publicó una pastoral en defensa del uso del euskera. Por ello, la policía lo arrestó en su domicilio y, al parecer, el gobierno estudió la posibilidad de expulsarlo de España. El episcopado español y el Vaticano apoyaron al prelado vasco, e incluso se rumoreó que el papa Pablo VI tenía preparada la excomunión de Franco si se consumaba la expulsión. Ante la reacción producida, el gobierno echó marcha atrás y puso en libertad a Añoveros. Las relaciones entre la Iglesia y el franquismo alcanzaron las cotas más bajas. Un mes más tarde otro hecho agravó el desprestigio de Arias: la ejecución del anarquista catalán Salvador Puich Antich, acusado de actos de terrorismo. Toda Europa reaccionó con actos de protesta al no conmutarse la sentencia.

Estos dos acontecimientos hicieron desmoronarse las esperanzas depositadas en el nuevo gobierno y mostraron la incapacidad del régimen para marcarse un rumbo político. La situación se complicó aún más durante ese verano con el agravamiento del estado de salud de Franco. Una tromboflebitis puso en peligro la vida del *Caudillo*, ante lo cual, y de acuerdo con la legislación vigente, se promulgó el decreto por el que el príncipe Juan Carlos asumía las funciones de Jefe de Estado. Sin embargo, quedaba la incertidumbre de si esta cesión sería temporal o permanente. Pero, recuperado a las pocas semanas, Franco reasumió sus poderes ante el estupor general. Con ello, *el Caudillo* reafirmaba que su puesto al frente de España sería vitalicio. De esta manera, un anciano enfermo de ochenta y un años, que casi había perdido la voz y caminaba con dificultad, volvía a encabezar la Dictadura que había iniciado treinta y cinco años antes.

La situación de incertidumbre facilitó la desintegración del régimen. La oposición democrática actuaba cada vez más abiertamente. El ministro Pío Cabanillas fue cesado por presiones de la ultraderecha debido a su tolerancia con la

La enfermedad de Franco

Al caer enfermo Franco en julio de 1974 se manifestó la contradicción del régimen en su etapa final: la desconfianza hacia el futuro que representaba don Juan Carlos. Cuando la gravedad lo hizo inevitable se transmitieron los poderes al príncipe. Pero *el Caudillo* los recuperó semanas después al mejorar su estado de salud. En la imagen, Arias Navarro saluda a Franco.

En el verano de 1974 se creó la Junta Democrática de España. Su finalidad era agrupar a la oposición democrática. Inicialmente estuvo integrada por el Partido Comunista, el Partido Socialista Popular de Tierno Galván y el Partido del Trabajo de España, de extrema izquierda, así como algunos otros de ámbito regional. También figuraban sindicatos como Comisiones Obreras, así como colectivos y personalidades independientes.

prensa y la cultura. El cese fue contestado con una serie de dimisiones solidarias de un ministro y varios altos cargos de la Administración, algo insólito en la larga historia del franquismo. Sus apoyos se limitaban ya a la extrema derecha, alejándose de él hasta los conservadores moderados. Por otro lado, el malestar laboral iba en aumento ante los efectos ya evidentes de la crisis económica. Finalmente, el terrorismo alcanzó en estos meses la mayor virulencia de la historia del régimen. A las acciones de ETA se unieron las del FRAP (Frente Revolucionario Antifascista y Patriótico), partidario igualmente de la acción armada contra la Dictadura.

La oposición democrática se organiza para el cambio

Los partidos y organizaciones antifranquistas unieron sus esfuerzos para una acción común en el momento de la transición, que se presumía inmediata. En julio de 1974 se constituyó en París la Junta Democrática, en la que se agruparon diversos partidos, sindicatos y asociaciones, de los que el más importante era el Partido Comunista. En junio de 1975 surgió la Platafor-

ma de Convergencia Democrática, liderada por el PSOE, y aglutinadora también de diversos partidos como el Carlista, el Movimiento Comunista, etc.

El cúmulo de problemas se acrecentó con otros de diferente índole. Don Juan de Borbón hizo unas declaraciones contrarias a Franco, por lo que se le prohibió la entrada a España, lo que ponía en una situación delicada a don Juan Carlos. Para colmo, en julio de 1975 nueve militares fueron detenidos por pertenecer a la Unión Militar Democrática (UMD), asociación de oficiales de ideas democráticas, que se había extendido entre los militares jóvenes.

La reacción del último gobierno del *Caudillo* ante tan graves problemas fue replegarse y endurecer las medidas represivas. Una nueva ley antiterrorista, que ampliaba la aplicación de la pena de muerte, fue promulgada en agosto de 1975. En un mes diversos consejos de guerra habían dictado once sentencias de pena máxima para implicados en actos terroristas. El régimen volvía a encontrarse en la misma situación que la producida por el Consejo de Burgos de 1970. Si aplicaba las sentencias ganaría la repulsa interna y externa, y si no las aplicaba le cabría el temor de que ello se considerase como una muestra de debilidad. En esta ocasión optó por lo que creyó que sería un castigo ejemplar: cinco de los condenados (dos de ETA y tres del FRAP) fueron fusilados el 27 de septiembre de 1975. Las peticiones de clemencia habían venido de todas direcciones: el papa, los obispos españoles, diversos gobiernos extranjeros, etc. El descrédito internacional de la España franquista no había sido tan grande desde 1947. Grandes manifestaciones contra el régimen se reunieron en todo el mundo. España sufrió un boicot de todo tipo: económico, cultural, etc.

Como si se tratase de demostrar la inutilidad de las ejecuciones del 27 de septiembre, a los pocos días se produjo un atentado que costó la vida a seis miembros de las fuerzas de orden público. Era la primera acción de los GRAPO (Grupos de Resistencia Antifascista Primero de Octubre). En la imagen, Pío Moa, uno de los fundadores del llamado Partido Comunista «reconstituido», del que el GRAPO era el «brazo armado».

El 1 de octubre de 1975 el general Franco recibió el último homenaje de sus entusiastas partidarios venidos de toda España. De nuevo surgieron las acusaciones contra la subversión, la masonería y el comunismo como culpables de la oleada de indignación surgida dentro y fuera de España por los cinco fusilamientos del 27 de septiembre. Pero no se pudo evitar la imagen de un hombre decrépito en las puertas de la muerte, al igual que su régimen.

El Sahara español

Aprovechando la débil posición internacional de España, Marruecos invadió el Sahara español, que consideraba como territorio propio. Sin embargo, la principal fuerza política del territorio, el Frente Polisario, estaba a favor de la independencia. El gobierno había prometido realizar un referéndum para que la población saharaui manifestara si estaba a favor de la independencia o de la incorporación a Marruecos. Este organizó una invasión pacífica por medio de la llamada «Marcha Verde»: unos 200.000 marroquíes atravesaron la frontera adentrándose en el territorio saharaui. El gobierno apeló a las Naciones Unidas, e incluso pensó en el uso de la fuerza. Pero, en aquellos días de la agonía de Franco, no se tomó ninguna decisión. El 6 de noviembre el Consejo de Seguridad de la ONU pidió a Marruecos que detuviera la ocupación del Sahara, y Hassan II ordenó el retorno de los componentes de la «Marcha Verde»; se llegó a un acuerdo con Marruecos y Mauritania, y el 18 de noviembre las Cortes aprobaron el reparto del Sahara entre ambos países sin oír la opinión de los saharauis.

La muerte de Franco

Ante la repulsa internacional, el franquismo reaccionó igual que venía haciendo desde 1947. Se convocó una manifestación de adhesión a Franco para el 1 de octubre. Fue su último acto público ante una masa enfervorecida de partidarios. Su discurso, casi ininteligible, fue la tradicional acusación contra los enemigos de España, la masonería y el comunismo. Al acabar el acto no pudo reprimir el llanto. Su quebrantada salud no resistió tantas tensiones. Días después sufrió un infarto. No obstante, se obstinó en presidir el Consejo de Ministros el 17 de octubre, vigilado desde la sala inmediata por un equipo médico, como muestra de su firmeza hasta el último momento.

En las semanas siguientes, complicaciones de todo tipo (infartos, hemorragias internas) le llevaron a una cruel enfermedad; sufrió tres operaciones a vida o muerte en un intento desesperado de prolongarle la vida de forma prácticamente artificial. Los españoles contemplaban, entre incrédulos y atónitos, con cierta zozobra muchos ante el incierto futuro, el insólito espectáculo de esta dramática agonía. Murió el 20 de noviembre de 1975.

Dejó como último escrito su testamento político. Este era una reiteración de las mismas ideas básicas con las que había arropado ideológicamente su régimen desde 1939: el catolicismo como base del ideario político, patriotismo a la manera como él lo entendía, autoritarismo frente a la presunta anarquía hispánica, rechazo de las ideas de democracia y libertad, e identificación plena entre España y su figura. Con Franco acabó la Dictadura más larga de la España contemporánea y el país se abría a un destino incierto, a pesar de que él lo consideraba todo «atado y bien atado».

La muerte de Franco

Franco murió con el convencimiento de que el régimen estaba, como reiteraba, «atado y bien atado». En esto se equivocó. El sistema político que durante casi cuarenta años presidió con su mano de hierro se basaba sobre todo en su persona. Los dos últimos años de vida presenciaron ya la descomposición ante el inminente desenlace. Producido éste, era cuestión de tiempo que la mordaza que sufría el pueblo español cayese.

7

Tres años que transformaron España (1975-1978)

La muerte de Franco fue recibida con serenidad por la población. La «Operación Lucero», estado de máxima alerta de las fuerzas de seguridad para controlar posibles disturbios, se demostró innecesaria. La tranquilidad era total. Los restos mortales fueron expuestos después en el Palacio Real, y ante ellos durante dos días desfilaron centenares de miles de españoles entre curiosos y doloridos. Celebrado el funeral oficial el día 23, fue enterrado en el Valle de los Caídos en medio del fervor de varios miles de falangistas.

Juan Carlos I, rey de España

La situación general era extremadamente delicada. Por una parte, amplios sectores del país reclamaban el paso a una democracia semejante a las de Europa occidental, y al frente de ellos estaban los partidos políticos antifranquistas. Por otra, estaba el control que sobre toda la organización del Estado (Administración, Ejército, fuerzas de orden público) ejercían los «ultras». En medio de estas dos fuerzas centrífugas se encontraba la figura del nuevo rey. La salida pacífica a esta situación dependía de la habilidad del monarca, de la de sus gobiernos y de la prudencia de los líderes de la oposición. Los primeros pasos de don Juan Carlos I fueron cautelosos, atrapado como estaba entre el creciente deseo del pueblo español de vivir en democracia y el aparato intacto de la Dictadura.

El acto de juramento ante las Cortes del nuevo monarca, con Franco todavía de cuerpo presente, fue breve y no exento de tensión. Don Juan Carlos, de acuerdo con las normas que regulaban la sucesión de Franco, juró lealtad a los

Principios de Movimiento Nacional y las Leyes Fundamentales. Las Cortes franquistas aplaudieron frenéticamente el nombre de Franco cuando fue mencionado en el discurso del Rey, pero permanecieron silenciosas ante las referencias a la concordia nacional, a las peculiaridades regionales o a su deseo de ser rey de todos los españoles, así como a las libertades o las opiniones distintas.

Más positiva fue la reacción en los medios internacionales. Cinco días después de su proclamación, el rey Juan Carlos tuvo la satisfacción

posible

NUMERO 43 ● 6-12 NOVIEMBRE DE 1975   35 PTAS.

JUAN CARLOS JEFE DE ESTADO EN FUNCIONES

COMIENZA EL FUTURO

LA ENFERMEDAD DE FRANCO

GRAVISIMO

Amplios sectores de la sociedad recibieron con esperanza la proclamación de don Juan Carlos como Rey. No obstante, la incertidumbre era el sentimiento más general: ¿intentaría perpetuarse el régimen o se permitiría al pueblo español manifestarse libremente sobre su futuro?

de recibir a los presidentes de la República Federal de Alemania y de Francia, al vicepresidente de Estados Unidos y a otras jerarquías extranjeras. Los países occidentales manifestaban así el apoyo que otorgaban a la nueva situación española. En la celebración del tedéum de exaltación de los monarcas españoles estuvieron presentes todos ellos y hasta setenta delegaciones extranjeras, así como las autoridades españolas.

Las dificultades de la transición
El primer acto político importante pendiente era la formación del nuevo gobierno que sustituyera al último del *Caudillo*. Las presiones sobre el rey fueron muy intensas en todos los sentidos, pero lo más importante era situar al frente de las Cortes, que lógicamente eran las mismas que había

El 22 de noviembre de 1975, ante las Cortes, el presidente del Consejo de Regencia, Alejandro Rodríguez de Valcárcel, leyó la fórmula de proclamación de la Monarquía: «En nombre de las Cortes Españolas y del Consejo del Reino manifestamos a la nación española que queda proclamado Rey de España don Juan Carlos de Borbón y Borbón, que reinará con el nombre de Juan Carlos I».

dejado Franco, a un hombre procedente del franquismo que estuviera comprometido con el cambio. El nombramiento recayó en Torcuato Fernández Miranda. Contra él se alzaron casi todos los cargos políticos, comenzando por Arias Navarro, quien finalmente aceptó ante la insistencia del monarca.

El paso siguiente, la elección del Jefe del Gobierno, se resolvió de forma compensatoria, y se confirmó a Arias en el puesto. La selección de los ministros fue ecléctica; formaban parte miembros destacados del antiguo régimen, pero se incorporaron algunos políticos partidarios de un cambio moderado (Fraga, Areilza, Garrigues). El personaje clave era Fraga, que rápidamente eclipsó a la figura de Arias. El objetivo básico del nuevo equipo gubernamental era llevar a cabo una democratización parcial que, sin provocar a los ultras, contentase a la oposición y al

Frente al ambiente nostálgico que presidió la proclamación de don Juan Carlos I como rey de España ante las Cortes el 22 de noviembre, la celebración el 27 del tedéum de exaltación de los monarcas españoles tuvo un carácter esperanzador. Los países occidentales se volcaron con la presencia de numerosas representaciones, algunas de ellas al máximo nivel. Lo que no había conseguido Franco en casi cuarenta años, la aceptación internacional, la obtuvo don Juan Carlos en sólo cinco días.

pueblo español. La ambigüedad de la reforma emprendida desde el gobierno era clara, y esto llevó a la oposición a la decepción y a endurecer sus posturas.

No obstante, el gobierno remitió a las Cortes una serie de proyectos de ley que ampliaron las libertades públicas (regulación de los derechos de reunión y manifestación, de asociación política, de despenalización de estos derechos, de reforma de los sindicatos). La mayoría de los proyectos eran tan restrictivos, aunque ampliaran el marco anterior, que las Cortes no tuvieron inconveniente en aprobarlos.

Frente a esta postura oficial, los aún ilegales partidos políticos democráticos reclamaban la liquidación inmediata del aparato franquista, que se denominó «ruptura democrática». Esta incluía la amnistía a los condenados por delitos políticos, la legalización de los partidos y de los sindicatos libres, y la convocatoria de elecciones democráticas. Acompañaron sus peticiones en los primeros meses de 1976 con la convocatoria de numerosas manifestaciones multitudinarias,

Arias Navarro fue el hombre que encabezó el último gobierno del general Franco y el primero del rey don Juan Carlos I. La necesidad de no provocar un trauma peligroso en la vida política española impulsó al monarca a mantener al mismo Jefe de Gobierno. Sin embargo, pronto surgieron las diferencias insalvables que había entre las concepciones de ambos para el futuro de España, lo que impulsó al Rey a prescindir de Arias.

así como de huelgas en el mismo sentido. Estas acciones masivas hubieran sido impensables pocos meses antes. El gobierno respondió con la utilización de la policía o la militarización de los servicios en huelga, como el Metro o la Renfe. Los enfrentamientos alcanzaron su mayor virulencia en Vitoria, donde el día 3 de marzo, después de 54 días de huelga, la ciudad quedó paralizada. Se produjeron duros enfrentamientos entre huelguistas y policía, y ésta, desbordada, acabó disparando, muriendo cinco trabajadores.

El fortalecimiento de la oposición con el apoyo de la calle preocupó hondamente al gobierno. Ignorante del significado de las acciones populares, insistía en una reforma limitada a mitad de camino entre la dictadura y la democracia. La oposición, por su parte, fue moderando sus posturas iniciales radicales y adoptó una estrategia pacifista.

El rey sabía que en aquel momento el principal obstáculo a la reforma era el propio jefe del gobierno, Arias Navarro. El distanciamiento entre ambos se fue haciendo más profundo desde la muerte de Franco. Arias no desaprovechaba

En los primeros meses de 1976 las calles de muchas ciudades fueron ocupadas por grandes manifestaciones de toda índole. Estas concentraciones tenían en común la petición de la instauración de un régimen de libertades, así como la amnistía política. El gobierno quedó desconcertado ante la magnitud del fenómeno.

Funeral en Vitoria, en 1976, por los cinco obreros muertos en los enfrentamientos con la policía.

ninguna ocasión para manifestar su inequívoca fidelidad al dictador muerto, mientras don Juan Carlos asistía preocupado a la paralización de la reforma política. A principios de junio de 1976 el monarca visitó los Estados Unidos, y ante el Congreso de este país pronunció un discurso inequívocamente favorable a la democracia. La descalificación de Arias era evidente, el cual presentó su dimisión el 1 de julio.

Reforma frente a ruptura: Adolfo Suárez

En los meses anteriores había destacado un joven ministro: Adolfo Suárez. Durante los suce-

sos de Vitoria había tenido una actuación brillante frenando las intenciones de Arias de declarar el estado de excepción. También al presentar ante las Cortes el proyecto del gobierno que aceptaba, tímidamente, los partidos políticos había pronunciado un discurso brillante a favor de la reforma. Sin embargo, todo el mundo pensaba que los candidatos a suceder a Arias eran Fraga o Areilza. No obstante, el primero se había desgastado en su frustrada reforma y con las actuaciones de la policía en la represión de las protestas ciudadanas, mientras que el segundo carecía de apoyos importantes y contaba con la animadversión de los dirigentes franquistas. Ante esta situación, no es de extrañar que tanto el rey como Torcuato Fernández Miranda pensaran en un joven político bien visto por el «bunker», por sus orígenes falangistas, y al mismo tiempo, comprometido con el cambio a la democracia: Adolfo Suárez reunía las condiciones.

Inicialmente, la elección de Suárez no fue bien acogida por la oposición a la vista de su pasado. El nuevo gobierno tenía un fuerte componente democratacristiano y de jóvenes no demasiado conocidos. Ya en su declaración programática anunció una relación franca con la oposición, la instauración de un régimen democrático y de libertades, así como la realización de un referéndum sobre la reforma constitucional y la convocatoria de elecciones generales antes de un año. Quizá lo más importante fue la llamada que se hacía a la reconciliación nacional y la inmediata amnistía política. Los dirigentes de la oposición recibieron positivamente el programa.

Suárez comenzó en seguida una serie de entrevistas con los dirigentes de los partidos para convencerlos de que su proyecto de transición era el único viable. Al tiempo recibió a los prin-

El gobierno Suárez

En los últimos años del franquismo surgieron de entre los propios partidarios del régimen algunos políticos que vieron la necesidad de reformar en profundidad el sistema, olvidando los recuerdos de la Guerra Civil e iniciando una aproximación a las formas políticas de Europa occidental. Uno de ellos, que durante la transición jugó un papel fundamental, fue Torcuato Fernández Miranda. Profesional del Derecho, fue profesor de don Juan Carlos en su época de estudiante y consejero en los primeros años de su reinado. Se le considera uno de los creadores de la transición a la democracia.

La votación favorable de las Cortes franquistas al proyecto de reforma política presentado por el gobierno de Adolfo Suárez el 18 de noviembre de 1976 era la «muerte legal» de la Dictadura. Los enconados esfuerzos de los «ultras» para que no prosperara fracasaron y la gran mayoría de los procuradores votaron a favor.

cipales personajes del franquismo con idéntica motivación. Todos encontraron en él un interlocutor atento y cordial. La tolerancia gubernamental en estos meses fue muy amplia: la mayoría de los partidos actuaban abiertamente y la prensa gozaba de total libertad. En el terreno sindical se iniciaron conversaciones discretas para legalizar los sindicatos, suprimir el falangista (CNS) y proclamar una amnistía para los detenidos por este tipo de actividades. Todas las anteriores medidas hicieron pensar a la oposición en la sinceridad de la oferta gubernamental.

El obstáculo principal podía venir del lado opuesto. Suárez decidió «coger el toro por los cuernos» y a comienzos de septiembre presentó su proyecto de reforma política a un grupo de altos oficiales. Estos, a la vista de que contaba con el apoyo del rey, la aceptaron con la condición de que no se legalizaría al Partido Comunista, aunque algunos manifestaron su postura contraria al desmantelamiento del franquismo. El paso siguiente en el esquema de transformación política, que compartían Suárez y Fernández Miranda, era que tanto el Consejo del Reino como las Cortes aceptasen la reforma voluntariamen-

te. Este era el punto culminante del derribo controlado del franquismo para llevar a cabo el cambio radical desde la legalidad. Suárez hizo público su mensaje: el pueblo debía decidir su futuro, y éste no podía provenir de la imposición de nadie —alusión tanto al «bunker» como a la oposición—; sería el voto democrático el que legitimase a los grupos y partidos políticos, y sólo entonces comenzarían a ser representantes del pueblo español.

El proyecto de reforma fue presentado el 8 de octubre de 1976 al Consejo Nacional del Movimiento. Después de encendidos discursos en defensa de las esencias del franquismo, la votación dio, paradójicamente, un resultado abrumador a favor del proyecto. La conciencia de estar al final de un régimen precipitó este escrutinio. A continuación había que salvar el mayor escollo: las Cortes. Fernández Miranda eligió con gran habilidad a los ponentes. Todos eran defensores de la reforma aunque provenían de diferentes sectores del franquismo, e incluía a un Primo de Rivera, emparentado con José Antonio. La labor de todos ellos era doble: defender las posturas reformistas y atraer a ellas a procuradores de su entorno. Las discusiones en el Pleno comenzaron el 16 de noviembre y fueron muy enconadas, especialmente por parte de los ultras con Blas Piñar al frente. El día 18 se llevó a cabo la votación, que fue nominal y pública. El recuento fue un clamoroso triunfo del gobierno: de 497 procuradores, 425 lo hicieron a favor, 59 en contra y 13 se abstuvieron.

Tan sólo faltaba la aprobación en referéndum del proyecto de reforma. Las posiciones estaban claras: el gobierno y la oposición moderada eran favorables al sí, el «bunker» propició el no rotundo, la oposición de izquierda defendió la abstención aunque con poco convencimiento. El día 15

La reforma

La propaganda institucional informando acerca del referéndum para la aprobación de la reforma anunciaba claramente el contenido del sistema político que se votaba. Explícitamente se mencionaban la elección libre, el sufragio secreto y el juego democrático. Se ofrecía un régimen nuevo a los electores españoles.

El Partido Socialista Obrero Español, como los restantes partidos democráticos, fue perseguido e ilegalizado desde el final de la Guerra Civil. En el período de la transición a la democracia aglutinó a la izquierda moderada española deseosa de contar con un partido socialista semejante al de otros países europeos occidentales. En diciembre de 1976 celebró el primer congreso en España desde el año 1939.

de diciembre la participación fue muy elevada (77%), y mayor aún el número de sufragios a favor del sí (94%), frente al 2,6% de los noes. El triunfo del gobierno fue total y dio paso a un sistema democrático que quedó refrendado por el pueblo.

Por esos mismos días el PSOE celebró su congreso en Madrid sin haber solicitado la legalización. Era el primero que se reunía en España desde 1932, y contó con la presencia de las principales figuras del socialismo internacional —Miterrand, Willy Brand y Pietro Nenni, entre otros—. Del congreso emergieron apoteósicamente nuevos y jóvenes dirigentes del partido, destacando sobre todo su secretario general, Felipe González.

Los últimos escollos

En los primeros meses de 1977, España vivió una situación grave que hizo peligrar la transición política. Grupos de extrema derecha adoptaron una estrategia de desestabilización. Proliferaron actos de terrorismo de este signo, de los que el más grave fue el ocurrido el 24 de enero de 1977.

Un grupo «ultra» asesinó a cinco miembros de un despacho de abogados laboralistas próximos a Comisiones Obreras y al Partido Comunista. La conmoción fue enorme en el país. Todo obedecía a un plan de violencia y desorden con el fin de que el ejército diera un golpe de Estado y acabara con la transición. Pero tanto los militares como el pueblo español dieron muestras de serenidad. En el extremo opuesto, los GRAPO (Grupos de Resistencia Antifranquista Primero de Octubre) llevaron a cabo secuestros de diversas personalidades y asesinatos de miembros de las fuerzas de orden público, en extraña coincidencia con las acciones de la extrema derecha.

Otra de las cuestiones pendientes en los primeros meses de 1977 era la de la legalizaión de los partidos políticos. El escollo continuaba siendo el Partido Comunista. Pero la vida democrática plena no podía marginar a este grupo que había jugado un notable papel en la Dictadura y durante la transición. Los comunistas moderaron su lenguaje y sus reivindicaciones en aras de conseguir la aceptación oficial, declarando públicamente que no cuestionaban la Monarquía y

El atentado de la extrema derecha contra el despacho de abogados de la calle de Atocha de Madrid el 24 de enero de 1977 tuvo una enorme resonancia. La vinculación de las víctimas a Comisiones Obreras y al Partido Comunista puso a prueba la capacidad de convocatoria y de control de los militantes de ambas organizaciones. El entierro fue multitudinario y ordenado, presidido por todos los líderes de la oposición.

ofreciendo su influencia para conseguir el pacto social. Secretamente se entrevistaron Suárez y el secretario de los comunistas, Santiago Carrillo. A las pocas semanas, y de forma inesperada, aprovechando las vacaciones de Semana Santa, el Presidente del Gobierno anunció la legalización de dicho partido. El hecho produjo la última gran crisis en el camino hacia la democracia. El malestar fue intenso en el ejército, y algunos altos mandos dimitieron. La primera reunión oficial del Comité Central de los comunistas acordó la aceptación de la bandera y de la Monarquía. Estas medidas tranquilizaron al gobierno y a la mayoría de los militares.

Junio de 1977: elecciones generales

A partir de ese momento se inició la carrera hacia las primeras elecciones generales libres desde 1936. Las distintas formaciones se aprestaron a la configuración de coaliciones y a la preparación de los programas electorales. A comienzos de mayo se formó oficialmente la Unión de Centro Democrático (UCD), que pretendía aglutinar al electorado moderado. A su frente aparecían

Josep Terradellas, presidente de la Generalitat de Cataluña en el exilio, representaba la vieja legalidad republicana en lo referente al nacionalismo catalán. Su retorno como presidente de la Generalitat provisional el 24 de octubre de 1977 cerraba otra de las heridas abiertas desde 1939. La normalidad política había ganado otra batalla. La legalización del Partido Comunista fue otro paso importante en el camino hacia la democracia.

Suárez y el gobierno, así como algunos líderes centristas de la oposición, que daban el tono democrático a un partido con muchos personajes provenientes del franquismo. El partido se presentaba como el apoyo al Presidente del Gobierno en la tarea de consolidar la democracia de forma pacífica.

Los hombres provenientes de la Dictadura se organizaron fundamentalmente alrededor de Alianza Popular, comandada por Manuel Fraga. Confiaban en una gran victoria vertebrando al llamado «franquismo sociológico». La campaña fue trepidante y festiva. La novedad de los mítines, de las configuraciones políticas, de la libertad de expresión y de los partidos atrajo masivamente a los españoles. El 15 de junio se celebraron las elecciones con una participación muy elevada (77% del censo) en un ambiente tranquilo y esperanzado. Los resultados consagraron dos grandes partidos: UCD, con 165 escaños en

La normalidad iniciada con la reforma política se aceleró en el primer trimestre de 1977. Junto a partidos históricos, como el PSOE, el PCE o el PNV, surgieron otros nuevos que ocuparon sobre todo el espectro de la derecha y el centro. En este último campo surgió la Unión de Centro Democrático (UCD) que lideraba Adolfo Suárez.

Partidos	Escaños
UCD	166
PSOE	118
PCE	20
AP	16
PDC	11
PNV	8
PSEP	6
UC/DCC	2
Ind. Centro	2
PDI	1
EE	1

Las primeras elecciones democráticas desde 1936, celebradas el 15 de junio de 1977, dieron el resultado que refleja este cuadro. Triunfaron los partidos que ofrecían un discurso moderado: la UCD en el centroderecha y el PSOE en la izquierda. El pueblo español apoyó el cambio democrático y primó a los grupos políticos que no recordaban ni la dictadura ni la Guerra Civil.

el Congreso de los Diputados, y el PSOE, con 118. Suárez consiguió así el reconocimiento popular a su papel en la transición, y a la imagen de moderación tanto de su campaña como de su partido.

Los socialistas surgieron como el gran grupo de la izquierda, desbancando al histórico Partido Comunista, que vio reducida su representación a veinte diputados. Alianza Popular fue el gran derrotado del día; sus grandes esperanzas en el «franquismo sociológico» quedaron limitadas a dieciséis escaños. Peor parada salió la extrema derecha, que no obtuvo ninguno. El resto del Congreso se completó con pequeños grupos, de los que ocupaban un puesto importante en sus respectivos territorios el Partido Nacionalista Vasco y los catalanistas del Pacte Democràtic per Catalunya.

Estos resultados dieron paso a un nuevo gobierno, formado por UCD y presidido por Adolfo Suárez. Se abordó entonces uno de los temas pendientes más importantes: la integración del catalanismo en la política española. El presidente de la Generalitat de Cataluña en el exilio, Josep Terradellas, fue nombrado oficialmente presidente de la Generalitat provisional, retornando a Barcelona.

En el terreno económico-social, enfrentado el gobierno a una situación muy grave como consecuencia de la agudización de la crisis iniciada en 1973, se firmaron por todos los grupos parlamentarios los llamados «Pactos de la Moncloa», por los que se adoptaron una serie de medidas para frenar los efectos más negativos de la crisis.

Cuando se atacaba la gran operación política de redactar una Constitución democrática, de la que España seguía careciendo, arreció la lacra del terrorismo. Diversos grupos, y en especial ETA, pero también el GRAPO y la ultraderecha, abrieron una guerra sin cuartel contra las instituciones con un crecimiento espectacular del número de atentados. Era un intento cruento y desesperado de impedir la consolidación de la democracia. Los atentados se dirigieron ahora, sobre todo, contra los militares, buscando provocar un golpe de Estado. Pero lo que consiguieron fue la repulsa popular.

La Constitución de 1978

En medio de estas dificultades, 1978 presenció la ardua tarea de la elaboración, por primera vez en la historia de España, de una Constitución consensuada y aceptada por la práctica totalidad de las fuerzas políticas. El proceso se inició en agosto de 1977 con la reunión de la ponencia constitucional del Congreso de los Diputados. Estaba formada por tres centristas, un socialista, un comunista, un nacionalista catalán y un aliancista. El primer borrador estaba acabado el 17 de noviembre.

En el proyecto se apreciaban todavía serias discrepancias, sobre todo en las cuestiones de

| La Constitución |

La redacción de la Constitución de 1978 contó por primera vez en la historia contemporánea española con la intención de que fuera una Constitución válida para todos los ciudadanos y aceptada por todas las fuerzas políticas democráticas. Esta noble intención se vio favorecida por la voluntad de los partidos políticos, que llegaron al acuerdo de consensuar los aspectos fundamentales del documento.

las autonomías, la educación, la cuestión religiosa, algunas libertades individuales (divorcio, aborto) y la pena de muerte. Para superar estas dificultades y evitar llegar a una Constitución apoyada sólo por una parte de los partidos, UCD y PSOE pactaron los temas más espinosos, pacto al que se unieron comunistas y catalanistas. A partir de entonces, fueron los principales dirigentes políticos quienes llegaron a los acuerdos precisos para la redacción final. El texto definitivo fue votado en 31 de octubre en el Congreso y en el Senado en un clima de entusiasmo. En el primero, de 345 diputados votaron a favor 325, seis en contra y 14 se abstuvieron. En el segundo fueron afirmativos 226 votos sobre 239.

El referéndum de aprobación de la Constitución se celebró el 6 de diciembre. Participó el 67% del electorado, con un 88% de votos favorables y un 8% en contra. En solemne sesión conjunta del Congreso y del Senado, el rey sancio-

El 6 de diciembre de 1978 se votó en referéndum la Constitución democrática, aprobada por las Cortes. Era el final del proceso de cambios legales que había comenzado con la presentación del proyecto de reforma política dos años antes. La votación, masivamente favorable, otorgó el apoyo popular al texto consensuado por casi todas las fuerzas políticas.

nó el texto constitucional el 27 de diciembre de 1978, entrando en vigor el día 29. Se había conseguido una ley de leyes consensuada prácticamente por todos los partidos, lo que garantizaba su duración y estabilidad. El edificio principal de la democracia estaba construido. El pueblo español había escrito una notable página de deseo de vivir en paz y libertad por encima de los múltiples obstáculos que había encontrado en su camino.

El artículo primero de la Constitución reza: «España se constituye en un Estado social y democrático de derecho que propugna como valores superiores de su ordenamiento jurídico, la libertad, la justicia y la igualdad y el respeto al pluralismo político.» En la imagen, cartel de propaganda pro-constitucional del dibujante José Ramón Sánchez.

Datos para una historia

Años		Historia de España
1939	1 de abril	Franco firma el último parte de guerra de la contienda civil.
1940	26 de enero	Se crean los sindicatos «verticales», dependientes de la Falange.
	1 de marzo	Se proclama la Ley de represión contra la masonería y el comunismo
	23 de octubre	Franco y Hitler se entrevistan en Hendaya.
1941	12 de febrero	Franco y Mussolini se entrevistan en Bordighera.
	28 de febrero	Muere Alfonso XIII.
1942	28 de marzo	Muere el poeta Miguel Hernández en la prisión de Alicante.
	17 de junio	Se crean las Cortes franquistas.
1945	18 de julio	Promulgación del Fuero de los Españoles.
		Promulgación de la Ley de Referéndum Nacional.
1946	13 de diciembre	La O.N.U. condena al régimen franquista.
1947	6 de julio	Se celebra el referéndum que aprueba la Ley de Sucesión.
1951	1-5 de mayo	Huelga de tranvías en Barcelona que termina en huelga general.
	20 de julio	Se crea el Ministerio de Información y Turismo.
1952	21 de marzo	Se suprime el racionamiento del pan.
1953	27 de agosto	Se firma el Concordato entre la Santa Sede y el gobierno español.
	26 de septiembre	Se firman los acuerdos económicos y militares con los Estados Unidos
1956	8-11 de febrero	Protesta estudiantil en la Universidad de Madrid.
1957	25 de febrero	Franco forma su sexto gobierno e incluye en él a los tecnócratas del Opus Dei.
1958	17 de mayo	Se proclama la Ley Fundamental de Principios del Movimiento.
1959	Febrero	Se funda ETA como excisión del nacionalismo vasco.
	21 de junio	Se publica el Decreto Ley de Ordenación Económica, más conocido como Plan de Estabilización.
1962	5 y 6 de junio	Reunión en Munich de 118 delegados de la oposición democrática.
1963	28 de diciembre	Se aprueba el I Plan de Desarrollo.
1966	14 de diciembre	Referéndum para aprobar la Ley Orgánica del Estado.
1967	21 de diciembre	Carrero Blanco es nombrado Vicepresidente del Gobierno.
1968	12 de octubre	España concede la independencia a la colonia de Guinea Ecuatorial.
1969	22 de julio	Las Cortes designan al príncipe don Juan Carlos sucesor de Franco con el título de Rey.
	8 de agosto	Estalla el escándalo de la empresa Matesa.
1970	3 de diciembre	Comienza el Consejo de Guerra de Burgos contra militantes de ETA
1973	11 de junio	El almirante Carrero Blanco es nombrado Jefe del Gobierno.
	20 de diciembre	Es asesinado en un atentado de ETA.
1974	12 de febrero	Arias Navarro anuncia la «apertura» del régimen.
	23 de diciembre	Nueva Ley de Asociaciones Políticas.
1975	21 de septiembre	Ejecución de tres militantes del FRAP y dos de ETA.
	20 de noviembre	Muere Franco.
	22 de noviembre	Juramento de don Juan Carlos I como Rey de España.
1976	2 de julio	Adolfo Suárez es nombrado presidente del Gobierno.
	15 de diciembre	Referéndum popular que aprueba la reforma política.
1977	15 de junio	Primeras elecciones desde 1936.
1978	31 de octubre	El Congreso y el Senado votan favorablemente la Constitución.
	6 de diciembre	Referéndum que aprueba la Constitución.

Historia Universal	
1 de septiembre	Alemania invade Polonia. Comienza la II Guerra Mundial.
10 de junio	Italia declara la guerra a Gran Bretaña y Francia.
28 de octubre	Italia invade Grecia
8 de diciembre	Declaración de guerra de los Estados Unidos y de Gran Bretaña al Japón.
18 de enero	Alianza militar entre Alemania, Japón e Italia.
6 de agosto	Aviones estadounidenses arrojan la primera bomba atómica sobre la ciudad de Hiroshima.
10 de enero	Primera Asamblea General de la O. N. U. en Londres.
5 de junio	Se pone en marcha el plan Marshall.
11 de noviembre	Es reelegido en Argentina el presidente Juan Domingo Perón.
2 de junio	Coronación de Isabel II en Inglaterra.
1 de enero	Entra en vigor en la República Popular de China el primer plan quinquenal.
2 de marzo	Marruecos declara su independencia.
4 de octubre	Creación de la C. E. E. La URSS lanza el primer satélite artificial («Sputnik»).
	La O. N . U. condena la política racista de la Unión Sudafricana.
19 de febrero	Chipre se convierte en República independiente.
13 de septiembre	El Lunick II (soviético) alcanza la Luna.
11 de octubre	Apertura del Concilio Vaticano II.
22 de noviembre	El presidente J. F. Kennedy, asesinado en Dallas.
18 de abril	Comienza la revolución cultural en China Popular.
	Guerra de los Seis Días: Israel derrota a Egipto, Jordania y Siria.
4 de abril	Asesinato de Martin Luther King.
21 de julio	Los norteamericanos llegan a la Luna.
24 de octubre	Salvador Allende, presidente de Chile.
11 de septiembre	Levantamiento militar en Chile; el presidente Allende es asesinado.
8 de agosto	Dimite el presidente Nixon a causa del «escándalo Watergate» y le sucede Gerald Ford.
30 de abril	Año Internacional de la Mujer. Termina la Guerra del Vietnam.
25 de marzo	Asesinato del rey Faysal de Arabia.
9 de septiembre	Muere Mao-Zedong.
2 de noviembre	James Carter es elegido presidente de los Estados Unidos.
25 de diciembre	Muere Charles Chaplin.
25 de julio	Nace en Manchester el primer niño probeta.

Glosario

Aliados
Grupo de países enfrentados al Eje en la 2.ª Guerra Mundial. Los más importantes eran el Reino Unido, los Estados Unidos, la Francia libre y la Unión Soviética.

Autarquía
Teoría económica que propicia el autoabastecimiento de un país, evitando las importaciones procedentes del extranjero. Fue utilizado por los regímenes fascistas. Ahorra importaciones, pero, al aislarse económicamente del extranjero, se priva de contactos innovadores y de la competencia que puede facilitar la modernización del aparato productivo.

Concilio Vaticano II
Este concilio de la Iglesia católica se reunió en Roma entre 1962 y 1965. Significó una modernización de los postulados de la Iglesia, tanto en liturgia como en apostolado, relaciones con otras religiones, libertad religiosa, etc. Iniciado por Juan XXIII, fue clausurado por Pablo VI.

Eje
Denominación de Alemania, Italia, Japón y sus aliados durante la Segunda Guerra Mundial. La alianza se inició en 1939 entre Italia y Alemania, adhiriéndose Japón en 1940.

Estado de excepción
Situación que permitía al gobierno suprimir algunos de los teóricos derechos del Fuero de los Españoles. Tenía como finalidad agilizar la represión sin posibles cortapisas judiciales, por otro lado escasas. Fue muy utilizado en los últimos años del franquismo ante el aumento de las acciones de la oposición. Los presuntos derechos que se suprimían eran el de expresión de ideas, el de reunión, el de libre residencia, el no registro de domicilio y el de máxima detención sin procesamiento.

Estraperlo
Calificativo del comercio ilegal, muy amplio entre 1939 y 1955 aproximadamente, de alimentos, medicinas, combustibles, etc., fruto de la penuria de la posguerra.

ETA
Iniciales de Euskadi Ta Askatasuna (Euskadi y Libertad), movimiento revolucionario partidario de la independencia del País Vasco, que acepta la utilización de la violencia. Se constituyó en 1959 y, en los primeros años, se centró en la propaganda y en la confección de su ideario político; pero pronto llevó a cabo acciones terroristas. Algunas de ellas fueron muy espectaculares, como la muerte de Carrero Blanco. Sufrió varias escisiones, de la que la más importante fue el surgimiento de ETA político-militar, que fue el origen remoto de Euskadiko Eskerra.

Falange Española
Partido político fundado por José Antonio Primo de Rivera en 1933. Se enmarcaba entre los partidos fascistas europeos. Tuvo una notable participación en la sublevación de 1936 contra la República. Fue el principal soporte ideológico del franquismo. En 1958 se convirtió en el Movimiento Nacional.

Fascismo
Doctrina política cuyos principios más destacados son su carácter antidemocrático y anticomunista, su defensa de la implantación de un régimen dictatorial y la exaltación nacionalista y del Estado. Su ideología se enmarca en la extrema derecha.

FRAP
«Frente Revolucionario Antifascista Patriótico», organización dependiente del maoísta Partido Comunista (marxista-leninista). Se creó a principios de los años 70 como organización de masas contra el franquismo. Evolucionó a la acción terrorista contra las fuerzas de orden público. Desapareció al final de la década.

Frente de Juventudes
Organización juvenil de la Falange, creada en 1940 con la finalidad de formar a la juventud en sus principios ideológicos. También actuó en el terreno deportivo y militar, y en la iniciación al hogar de las jóvenes.

Fuero de los españoles
Documento promulgado en 1945 y modificado en 1967 por el régimen franquista. Reunía los derechos y obligaciones de los españoles en un plano teórico. Así aparecían recogidos derechos personales como la libertad de conciencia, de residencia, de expresión, de reunión o

de asociación, de participación, a la educación, al trabajo, etc. También estaban recogidos los derechos de las instituciones sociales como la familia, la Iglesia católica, etc. La práctica política del franquismo hacía que esos derechos sólo pudieran ser ejercidos en el marco del Movimiento Nacional, con lo que para la oposición no existían realmente.

GRAPO
«Grupo de Resistencia Antifascista Primero de Octubre», organización terrorista surgida del llamado Partido Comunista de España (reconstituido), pequeño grupo de extrema izquierda fundado en 1975. El nombre proviene del día de 1975 en que, como represalia por las últimas ejecuciones del franquismo, asesinó a seis policías. Continuó actuando durante los primeros años de la transición a la democracia en medio de sospechas de estar manipulado por la extrema derecha.

Ley de Sucesión
Ley fundamental del franquismo que regulaba la sucesión en la jefatura del Estado. Sometida a referéndum en 1947, fue aprobada sin ningún tipo de garantías democráticas y promulgada el 26 de julio del mismo año. España era definida como un Estado católico, social y representativo, y se declaraba constituido en reino. Franco era el Jefe del Estado vitalicio con potestad para designar a su sucesor.

Movimiento Nacional
Organización política creada por el franquismo por la Ley de Principios del Movimiento Nacional de 1958. Era el partido único del régimen en el que se integraban todas las corrientes políticas que habían propiciado la sublevación de 1936 contra el gobierno republicano. Sus postulados fueron básicamente los de la Falange.

Nacionalsocialismo (nazismo)
Nombre proveniente del partido nacional-socialista alemán de Adolfo Hitler, de extrema derecha, surgido en Alemania tras la Primera Guerra Mundial. Accedió al poder en 1933, implantando una férrea dictadura que acabó en 1945 con la derrota alemana en la Segunda Guerra Mundial.

Opus Dei
Congregación religiosa católica, fundada en 1928 por José María Escrivá de Balaguer. Aunque centrado en la enseñanza, algunos de sus miembros participaron activamente en política durante los últimos años del franquismo.

Partido Nacionalista Vasco (PNV)
Creado en 1893, fue alcanzando un papel cada vez más importante en Euskadi hasta la Segunda República. A pesar de ser un partido católico y conservador, apoyó a la República durante la Guerra Civil. Con la Dictadura pasó a la clandestinidad.

Planes de Desarrollo
En el marco de la nueva política económica que siguió al Plan de estabilización de 1959, se dio paso a los Planes de Desarrollo. Los primeros trabajos se hicieron en 1962 bajo la dirección de Laureano López Rodó. Tres planes cuatrienales tuvieron vigencia entre 1964 y 1975, al mismo tiempo que crearon los polos de promoción y desarrollo, destinados a facilitar la implantación industrial en zonas atrasadas (entre otras ciudades, se localizaron en Vigo, La Coruña, Valladolid, Zaragoza, Sevilla...). Su resultado fue dispar, pero en conjunto no lograron sus objetivos, al igual que los planes, que fueron incumplidos tanto por la Administración como por las empresas privadas.

Sección Femenina
Rama de la Falange especializada en el sector de la mujer. Tenía por finalidad encuadrar a las mujeres en el partido y transmitirle su ideología a la sociedad por medio de la formación de las jóvenes en las labores domésticas, el folklore, la educación física, etc.

Sociedad de Naciones
Organismo internacional fundado en 1919 al finalizar la Primera Guerra Mundial. Tenía como objetivo fundamental preservar la paz mundial por medio de la discusión de las desavenencias entre países. Su vida fue desigual, y se mostró incapaz de frenar los enfrentamientos que llevaron a la Segunda Guerra Mundial. En 1945 fue reemplazada por la ONU.

Tecnócrata
Nombre que recibieron las autoridades franquistas, principalmente del área económica, procedentes del Opus Dei en los años 60. Propiciaban el poder de los técnicos sobre los políticos para impulsar el desarrollo económico con criterios de eficacia. Defendían la despolitización y la exclusión del pueblo en los asuntos políticos. Su ideología era muy conservadora.

Indice alfabético

Bibliografía

Abella, Rafael: *Por el Imperio hacia Dios. Crónica de una posguerra.* Planeta, Barcelona, 1978.

Artigues, Daniel: *El Opus Dei en España.* Ruedo Ibérico, París, 1971.

Biescas, J. A. y Tuñón de Lara, M.: *España bajo la dictadura franquista.* Labor. Madrid, 1985.

Brenan, Gerald: *El laberinto Español.* Plaza y Janés, Barcelona, 1984.

Carr, Raymond: *España 1808-1975.* Ariel, Barcelona, 1985.

Castellá-Gassol, Joan: «El pensamiento español 1939-1979». Madrid, núm. 62, 1980.

Díaz, Elías: *Pensamiento español 1939-1973.* Cuadernos para el diálogo, Madrid, 1978.

Equipo Reseña: *La cultura española durante el franquismo.* Mensajero, Bilbao, 1977.

Esteban, Jorge de, y López Guerra, Luis: *La crisis del estado franquista.* Labor, Barcelona, 1977.

Fernández de la Mora, Gonzalo: *El crepúsculo de las ideologías.* Salvat Editores, Madrid, 1971.

Fusi, Juan Pablo: *Franco. Autoritarismo y poder personal.* Círculo de lectores, Madrid, 1986.

Laín Entralgo, Pedro: *España como problema.* Madrid, 1956.

López-Rodó, Laureano: *Política y desarrollo.* Aguilar, Madrid, 1971.

Marsal, Juan F.: *Pensar bajo el franquismo.* Barcelona, 1979.

Miguel, Amando de: *Sociología del franquismo.* Grijalbo, Barcelona, 1978.

Moya Valgañón, Carlos: *El poder económico en España, 1939-1970.* Tucar, Madrid, 1975.

Paniker, Salvador: *Conversaciones en Madrid.* Kairos, Barcelona, 1969.

Serrano Súñer, Ramón: *Memorias.* Barcelona, 1977.

Solé-Tura, Jordi: *Introducción al régimen político español.* Ariel, Madrid, 1972.

Tamames, Ramón: *La República. La era de Franco (1931-1970).* Alianza Editorial-Alfaguara, Madrid, 1978.

Tierno Galván, Enrique: *Razón mecánica y razón dialéctica.* Técnos, Madrid, 1969.

Tusell, J.: *La España de Franco.* Biblioteca Historia 16, n.º 1, Madrid, 1989.